SHODENSHA
SHINSHO

鎌倉仏教のミカタ

——定説と常識を覆す

本郷和人
島田裕巳

JN110443

祥伝社新書

はじめに――日本史における鎌倉仏教

本郷和人

今なぜ鎌倉仏教か。歴史学の観点から簡単に見てみましょう。

戦前の日本史学は、鎌倉時代に誕生した仏教を高く評価しました。法然《ほうねん》、親鸞《しんらん》、一遍《いっぺん》と続く浄土の教え（浄土宗《じょうどしゅう》系）。厳しい修行で知られる禅宗《ぜんしゅう》と武士の結びつき、それらの隆盛を弾劾《だんがい》して蒙古《もうこ》（モンゴル）襲来を予言した日蓮《にちれん》の激しい布教活動。鎌倉時代の到来は、仏教の新しいムーブメントの登場と軌《き》を一《いつ》にしていました。鎌倉時代を知るために、また日本人の精神を知るために、歴史研究者は鎌倉新仏教に注目したのです。

これに対し、戦後の京都の研究者たちは、根本的な批判を試《こころ》みました。それは鎌倉時代そのものの見直しと連動して提起され、仏教と政治・経済の連関に新たなイメージを与えたものであったがゆえに、説得力を持ちました。

彼らの説くところでは、鎌倉幕府の成立と維持は朝廷あってこその動きであり、この時代の展開は古代と同じく、天皇の王権と京都を中心として解析しなくてはならない（その結果が「権門《けんもん》体制論」）。中世の精神世界を構成する大きな要素であった仏教の動向もまた、基軸は京都に求めるべきである。すなわち、仏教の太い幹《みき》は依然として天台宗《てんだいしゅう》・真言宗《しんごんしゅう》の密教《みっきょう》であり、鎌倉新仏教は枝葉《えだは》なのだと主張したのです（「顕密《けんみつ》体制論」）。

こうした研究史を踏まえ、私は民衆の側からの視点を取り入れて、鎌倉仏教の再評価を試みました。武士という存在の本質をどうとらえるべきか。すなわち、京都とのつながりを重んじる地方官とするのか、それとも地方・地域のリーダーと見なすのか。その議論に決着はついていませんが、私は室町・戦国時代への展開に配慮して、後者の視点を重視します。この時、武力を表看板とする武士たちが、なぜ地域の農民をよりよく統治することに目覚《めざ》めていったのか。そこに仏教の影響を見ようとしています。

ただ、私のこうした取り組みは表面的、上《うわ》っ面《つら》なものにすぎないようにも感じられます。仏教は人間が生きるための道具であり手段ではありますが、精神こそ肉体の主人であるとの視点が容易に成立することを考慮すれば、当時の武士、また古代に比べて飛躍的な社会進出を果たしつつあった庶民の精神世界こそが、彼らの行動を規定しているとも受け止められる。そうであるならば、中世社会をより深く知るために、学問としての仏教ではなく、彼らのなかで実際に生きていた仏教に近づきたい。私はそう念願するようになりました。

そんな時、宗教学者の島田裕巳先生が、「浄土宗」とか「浄土真宗《じょうどしんしゅう》」とか「日蓮宗《にちれんしゅう》」

等の「宗派」という枠組みを外《はず》して仏教とは何かを考えてみよう、と説かれているのに接し、私は「そうか！」と深い感銘を受けました。

私たちは名画を見る時、それがルネサンス派かバロックか印象派か、とまず定規をあてるでしょうか。クラシック音楽を聴く時に、古典派かロマン派かを気にしてから感動するでしょうか。絵のすばらしさ、旋律の妙に心を動かされるのが第一で、分析は後回しのはずです。まずは心をカラにして絵や音楽と向き合う。それが本当の鑑賞体験です。

宗教も同じではないでしょうか。まずは祖師《そし》（開祖）たちが説く仏《ほとけ》の世界を体感するところから始めましょう。私たちの祖先は、人間を超える聖なる存在とどう向き合ってきたのか。この対談は、それを知るためのものです。

鎌倉仏教は「庶民に対して」仏とは何かを説きました。あなたも私も、仏の話を聞く権利をちゃんと持っているのです。こむずかしい倫理や論理は不要です。「大いなるもの」に包まれる気分でお楽しみください。

目次

第四章 奈良・平安仏教vs.鎌倉仏教

第五章 栄西、道元――禅宗から読み解く「悟り」の本質

第六章

日蓮——原理主義を貫いた孤高のカリスマ

第七章

その後の鎌倉仏教

注記　引用に際しては、旧字・旧かなづかいを現行にあらため、書き下し文にした。また、適宜ふりがなを補い、句読点を加除している。（　）は原文ママ、［　］は引用者の補完を示している。

図表作成／篠　宏行　**本文デザイン**／盛川和洋　**本文ＤＴＰ**／キャップス

序章

鎌倉仏教の誕生

私は僧侶になりたかった！

本郷　鎌倉仏教をテーマに、大学の先輩である島田先生と対談することは光栄であると共に、やや興奮しています。というのも、私は中学・高校生の頃、僧侶になりたかったのです。小学三年生の春休み、父親に京都・奈良に連れて行ってもらいました。その時に薬師《やくし》寺《じ》（奈良市）の薬師三尊像《やくしさんぞんぞう》を見て、その美しさに心を奪われました。それで、自分も僧侶になりたいと思ったのです。

しかし、高校二年生の時にあきらめました。ある日のこと、自宅によくお経を上げに来ていた僧侶が「住職の株を買いました。地方に参りますので、もう来られません」と言うのです。父親が「おいくらでしたか？」と聞くと、五〇〇〇万円でした。とてもそんな金額は払えませんから、泣く泣く断念したのです。

島田　こちらこそよろしくお願いします。私も「さん」で呼びますので、「先生」はやめましょう。私が本郷さんを指名させていただいたのは、仏教と幕府の関係について知見を得たかったからです。できあがったばかりの鎌倉幕府の権力は仏教にどこまでおよんでいたのか、また、その関係性について教えていただきたい。まずは、鎌倉仏教の興《おこ》りから始めましょう。

本郷　鎌倉仏教とは何か。山川出版社の『日本史用語集』には、次のように出てきます。

平安末〜鎌倉中期におこった仏教の革新運動。末法思想《まっぽうしそう》を背景とする政治・社会不安の中で、どのような階層の人でも行い易い修行（易行《いぎょう》）を一つだけ選び（選択《せんちゃく》）、専心して修める（専修《せんじゅ》）ことを特徴とした。なお、新仏教の展開に刺激を受け旧仏教の改革もみられた。

（全国歴史教育研究協議会編『日本史用語集』）

このなかの末法思想ですが、教科書的には永承《えいしょう》七（一〇五二）年に末法の世に入ったとされています。

島田　末法とは本来、釈迦《しゃか》（ガウタマ・シッダールタ、仏陀《ブッダ》、釈尊《しゃくそん》。紀元前五六三頃〜紀元前四八三年頃。他説あり）入滅《にゅうめつ》後、一五〇〇年、あるいは二〇〇〇年以降を指します。しかし、釈迦がいつ死んだのか、誰もわからない。日本の場合、『日本書紀《にほんしょき》』に書かれた仏教公伝《ぶっきょうこうでん》の欽明《きんめい》天皇一三（五五二）年から、五〇〇年後の一〇五二年以降を末法としました。平安時代から鎌倉時代になる頃ですね。

最澄《さいちょう》（七六七〜八二二年）作とされる『末法燈明記《まっぽうとうみょうき》』という、末法について説く書物があります。これは偽書《ぎしょ》なのですが、当時は本物と見られていました。この本に親鸞（一一七三〜一二六二年）や日蓮（一二二二〜一二八二年）が強い関心を持ったことが知られています。

本郷　末法の世になると、どんなことが起こりますか。

島田　ユダヤ教、キリスト教の終末思想とは違い、そこで世界が終わるわけではありません。世の中は続いていく。ただ、末法の世ではすべての教えが意味を失って、仏教の戒律《かいりつ》（僧侶が守るべき規範。戒《かい》は自発的な心の規律、律《りつ》は教団によって定められた行動の規範）を守って生きていく人はいなくなると考えられていました。

鎌倉時代の仏教では、その失われていく戒律の復興を重視する流れが多数派でした。しかし、ごく少数の僧侶、親鸞や日蓮はその方向に行かなかった。このことが、現代の浄土真宗や日蓮宗に戒という考え方がないことの淵源《えんげん》になっています。それによって、葬式の方法も、他の仏教宗派と比べて異なることになります。

本郷　なるほど。その二つの宗派にはいわゆる戒名《かいみょう》がありませんね。

島田　ところで本郷さん。当時の政治を担った人たちに「今は末法の世だ」という認識はあったのでしょうか。

本郷　歴史史料では、ほとんど見たことがないです。たとえば、貴族たちの間で「今は末法の時代だから、こうしよう」といったロジックを見たことはないですね。ただそれは、わざわざ述べる必要もないくらい、あたりまえのことだったのかもしれません。

結局、朝廷の貴族は「古《いにしえ》にこそ栄光がある」という価値観の人たちです。だから年中行事を繰り返すわけですが、彼らにとって、昔より今が悪いのは言うまでもない前提だった可能性があります。いっぽう武士は、少なくとも鎌倉時代の初期には、そもそも政治行為を行うという発想自体がありませんでした。

武士として認められるための儀式

島田　そもそも、武士とはいったい何者なのでしょうか？

本郷　一般的には開拓領主、すなわち武装してその土地を占有する人々と言われますね。では、ただ武装すれば武士と見なされるかというと、そうではない。今で言えば県知事にあたる国司《こくし》が主催する大狩《おおかり》に招待されると、武士として公認されて、周囲も武士と見てくれることになるらしいのです。これは、私の師である石井進《いしいすすむ》先生（東京大学名誉教授）の説ですが、そのルーツは狩りを通しての信仰や、山の神や自然に対する畏敬など縄文時代に遡《さかのぼ》るようです。

個々の武士の家でも、息子が一人前の武士になる時には、父親が息子を連れて狩りに出ました。そこで、息子が獲物を捕ることができたら、その土地の神様が「武士としてふさわしい人間だ」と認めてくれたことになるそうです。一種のイニシエーション（通過儀礼）ですね。

鎌倉幕府編纂の歴史書『吾妻鏡《あずまかがみ》』に、「源頼朝《みなもとのよりとも》が富士の裾野で巻狩《まきがり》を行った」との記述がありますが、これも、頼朝が自分の息子・頼家《よりいえ》をみんなに披露するための祭りでした。そこで頼家は鹿を射止めます。おそらく、実際には射止め済みの鹿が用意されていたとは思いますが……。

島田　失敗はできませんからね。

本郷　はい、そうなったら大事《おおごと》です。それで、見事《みごと》射止めたあとは、狩りを中断して「矢《や》口《ぐち》の祭《まつり》」という儀式が始まります。この儀式では、弓矢に優れた武士が三人進み出て、赤・白・黒の餅をそれぞれのやり方で重ねる。そして角をかじって祝意を示したそうです。

そして、その後は大宴会となる。矢口の祭については『吾妻鏡』にしか記述がなく、民俗学でもあまり史料が出てこないため、詳細がわからないのが実情です。

島田　私は通過儀礼に興味を持ってそこから宗教学を始めましたが、それは完全に通過儀礼ですよ。典型的な形です。

本郷　そうですか。そのような自然を畏敬する心は武士だけではなく、古代の人々みんなにあったのだと思います。その畏敬に、さまざまなストーリーや理屈を与えてくれたのが、仏教だと思います。その教えがどのような形で日本の土壌に広まっていったのか、私は知りたいと考えていました。

最初期の日本仏教

島田　日本では、平城京《へいじょうきょう》という都市に大きな寺ができました。これは中国の仏教の在《あ》り方と異なります。中国では、天台山《てんだいさん》や五台山《ごだいさん》など山に寺を構えました。世俗から離れた奥深い山の上に寺がつくられ、そこが本拠地になったのです。しかし、日本では自然のなかではなく、むしろ神々の世界から隔絶された都市空間に寺が築かれた。つまり、最初期の日本仏教の特徴は、都市仏教であることです。

本郷　奈良時代の仏教は、学問ですからね。

島田　そうなんです。だから仏教の受容も、当初は一部のごく小さな層に限られたことでしょう。当時の仏教は、要するに護国仏教《ごこくぶつきょう》でした。国を守るための教えとして受容し、そのシンボルが大仏という形になった。経典《きょうてん》に関しても、主に護国経典が受け入れられます。

その後、仏教は急速に根づいていきます。天平勝宝《てんぴょうしょうほう》四（七五二）年には、仏教公伝二〇〇年を記念して東大寺《とうだいじ》（奈良市）の大仏（盧舎那仏《るしゃなぶつ》）の開眼会《かいげんえ》が行われるのですが、一万人の僧侶が集まったそうです。これは名簿まであるので事実なのですが、公伝してからわずか二〇〇年の間に仏教は、それだけの広がりを見せたわけです。

本郷　その広がりは、ヤマト王権の統治の広がりと関係しているのでしょうね。

島田　そうですね。仏教に限らず、スピーディーに受容してしまうのは、日本社会の特徴です。日本人には、新しいものを急速に受け入れる能力があるように感じます。

また、翻訳の手間がなかったという事情も大きかったと思います。日本は主に中国から仏教を受け入れたわけですが、中国の場合は、サンスクリット語で書かれた大乗仏教《だいじょうぶっきょう》の

奈良仏教（南都六宗）

宗派	三論宗	成実宗	法相宗	倶舎宗	華厳宗	律宗
開祖	恵灌	道蔵	道昭	道昭	良弁、審祥	鑑真
総本山	―	―	興福寺	―	東大寺	唐招提寺

経典を翻訳する必要がありました。ところが日本は、中国語を知らなくても、そのまま漢文として、中国で訳された教典を読み下すことができます。翻訳の手間がかからないわけですから、それが受容のスピード化を促した一因になったと思います。

本郷　その結果、本場の奈良では高度な議論がなされていたのでしょうか。

島田　当時の最先端の仏教を受け入れていましたから、高度な議論を可能にする素地はできていたと言えるでしょう。中国でどんどん仏教が展開して、新しい流れが生まれる。日本は、そうした展開を直接的に受け入れ、それが奈良仏教の六学派、のちの南都六宗《なんとろくしゅう》になるわけです。三論宗《さんろんしゅう》、成実宗《じょうじつしゅう》、法相宗《ほっそうしゅう》、倶舎宗《くしゃしゅう》、華厳宗《けごんしゅう》、律宗《りつしゅう》です。

ちなみに、天台宗は時系列が逆になっています。天台宗が中国で大成したのは六世紀ですが、最澄が日本で天台宗を開いた頃には、中国では廃《すた》れていました。

ここで、大乗仏教と小乗仏教《しょうじょうぶっきょう》について簡単に説明しておきましょう。

釈迦入滅の約一〇〇年後、仏教は上座部仏教《じょうざぶぶっきょう》（部派仏教《ぶはぶっきょう》）と大乗仏教に分裂します。上座部仏教は、出家して修行することで悟りに達するとして、戒律の厳守を主張しました。

それでは、大勢の人たちを救えないと主張したのが大乗仏教です。救済すなわち利他《りた》を重視したわけです。大乗仏教は、上座部仏教を限られた人しか乗れない乗り物だとして「小乗仏教」と呼びました。これはあくまで大乗仏教側からの見方であり、蔑称です。

重要なことは、日本の仏教の主な流れは大乗仏教であることです。中国に伝わったのが大乗仏教であり、それが日本に伝わったからです。いっぽう、インドから仏教が伝えられた南方の国々、タイ、スリランカなどでは上座部仏教が多数派です。

なぜ寺社に寄進するのか

本郷　桓武《かんむ》天皇が平城京から長岡京《ながおかきよう》、さらに平安京《へいあんきよう》へと遷都した際、その理由としてよく「仏教の影響力から逃れようとした」と言われますね。これは実際のところ、どのような状況だったのでしょうか。

島田　やはり、奈良仏教（南都六宗）の勢力が大きくなりすぎたのでしょう。では、遷都してまで逃れるほどの存在だったのかはよくわかりません。桓武天皇と言えば渡来人の血を引いていることがはっきりしている人ですが（母親の高野新笠《たかののにいがさ》が渡来系氏族出身）、その天皇が何を考えていたのか。これは難しい問題です。

しかし、朝廷を囲むような形で大きな寺がいくつもあり、それらが自分たちで財政基盤を持つようになったことで勢力を強めていったことは確かです。寺の財政は土地を寄進《きしん》されることで強まり、広がったわけですが、そもそもなぜ当時の人たちは寺に寄進をしたのでしょうか。

本郷　うーん、このような質問ははじめてです。寺のなかでも最上位の寺、いわゆる六勝寺《ろくしょうじ》（京都・白河《しらかわ》に建てられた法勝寺《ほっしょうじ》、尊勝寺《そんしょうじ》、最勝寺《さいしょうじ》、円勝寺《えんしょうじ》、成勝寺《じょうしょうじ》、延勝寺《えんしょうじ》。いずれも応仁《おうにん》の乱ほかで廃絶）などは御願寺《ごがんじ》と言われ、天皇家と密接に結びついた、言わばフロント会社のような存在でした。当時は公地公民制《こうちこうみんせい》であり、土地の私有はNGです。天皇や上皇が大っぴらに直接土地を所有するのはまずい。だからフロント会社として寺をつくり、「その寺に寄進された」形式を取ったわけです。

このケースより格下、しかし朝廷から高い評価を受けている寺や神社に寄進することも行われました。これがご質問のケースですが、なぜそのようなことをしたかというと、開拓した土地を寺社と共同所有にすることで、その権利を守ろうとしたのです。つまり「私の土地にちょっかいをかけてくるような奴が出てきたら、あなたの力で黙らせてください」ということです。現代の言葉で言えば、「ケツ持ち」です。代わりに、貢物などを納めます。有力貴族に寄進をするのと同じですね。

ただ、有力貴族とは異なるのは、ちょっかいをかけてきた時に圧力をかける手段として、僧兵を動かす「武力」だけでなく、「信仰の力」も期待されたのではないでしょうか。「ここにちょっかいを出すと、バチが当たるかもしれない」と思わせるわけです。

島田　武力や政治力と同等の力が、信仰にも期待されていたわけですね。

本郷　それだけ、当時は現実とは違う世界や超常的な力がリアルだったのでしょう。現代だって、それらは健在ですし。

最澄の野望

島田　桓武天皇によって、都《みやこ》は奈良から京都に移り、平安時代を迎えます。その際に重要な働きをするのが最澄です。私は、最澄が日本の仏教に与えた影響は非常に大きいと考えています。彼は奈良仏教、すなわち南都六宗をやっつけてやろうという野望を抱いていた。

本郷　ええっ、そうなんですか！

島田　この人はすごい野心家です。私はそう見ています。天台宗の教えを日本にもたらしたのは鑑真《がんじん》（六八八頃〜七六三年）です。鑑真は唐僧として、律宗の戒律の教えを学んでいましたが、法華経《ほけきょう》にもとづく天台宗の教えも学び、日本に来た時に天台宗関係の経典をもたらしました。

　天台宗と日蓮宗の根本経典である法華経は全二八品《ほん》から成り、「一切衆生《いっさいしゅじょう》（この世に生きているすべてのもの。特に人間）は仏《ほとけ》になることができる」という教えが中心になっています。つまり、この経典に拠《よ》って立てば、誰でも成仏《じょうぶつ》できることになる。ということは、仏になるのに、わざわざ学問を修める必要はありませんという話になるわけで、最澄は「これで南都六宗に勝てる」と、目をつけた。

本郷　確かに、ちゃぶ台をひっくり返して「おまえら、いつまで面倒くさい学問やってんの」と、マウントを取ることができ

平安仏教

宗派	天台宗	真言宗
系統	密教系 台密	東密
開祖	最澄	空海
総本山	延暦寺	金剛峯寺
教義	一切皆成仏	即身成仏
経典	法華経	大日経、金剛頂経

ますね。

島田　しかも最澄は若い頃に登った比叡山《ひえいざん》に一乗《いちじょう》止《し》観院《かんいん》（のちの延暦寺《えんりゃくじ》）を創建します。当時は長岡京の時代で、比叡山もただの山でした。しかし、平安京に遷都されると、比叡山が都の鬼門《きもん》（北東の方向。陰陽道《おんみょうどう》では鬼が出入りするとして忌《い》まれた）の位置という絶好のポジションになった。この幸運は非常に大きかったと思います。

本郷　都に近いから比叡山を選んだのではなく、都のほうがやってきた！　それはすごいな。

南都六宗の独占を崩せ

島田　それで、最澄は戒壇《かいだん》を比叡山に設立しようとするわけです。戒壇とは、僧侶になるために戒を授ける儀式などを行う壇のことです。仏教の本質は戒律ですから、戒を授ける場である戒壇の設置は重要な課題です。鑑真が日本に呼び寄せられた理由も、そこにありました。戒師《かいし》（戒を授ける師僧《しそう》）である鑑真が来てくれたことで、東大寺、下野薬師寺《しもつけやくしじ》（栃木県下野市）、観世音寺《かんぜおんじ》（福岡県太宰府市《だざいふ》）に戒壇ができた。つまり、ようやく正式な僧侶を生み出すシステムが日本にもできたわけです。

なかでも、もっとも重要な戒壇は、東大寺の戒壇です。このような形で僧侶を生むシステムを独占していることが、奈良仏教の権力の源泉として大きかったのです。

その戒壇を、最澄は比叡山にも設けようとした。奈良仏教より緩《ゆる》い戒律を授ける大乗戒《だいじようかい》壇《だん》をつくることで、南都六宗の独占を崩そうとしたのです。当然、南都六宗は激しく反対するわけで、最澄の生きている間に大乗戒壇の設置は許可されませんでした。亡くなった七日目に、はじめて認められることになります。

ただ南都六宗の批判に応《こた》える形で、比叡山でも、僧侶になるには一二年間修行しなければならないとした。「それだけ修行して僧侶になるので大丈夫です。しっかりしています」という、品質保証制度を設けたわけです。これが、のちに比叡山が修行の山になることに結びついていきます。

本郷　なるほど。確かに、浄土宗の開祖・法然（一一三三〜一二一二年）、浄土真宗の開祖・親鸞、日蓮宗の開祖・日蓮、臨済宗《りんざいしゆう》の開祖・栄西《えいさい》（一一四一〜一二一五年）、曹洞宗《そうとうしゆう》の開祖・道元《どうげん》（一二〇〇〜一二五三年）と、鎌倉仏教の開祖たちは比叡山で学んでいますもんね。

島田　時宗《じしゆう》の開祖・一遍（一二三九〜一二八九年）以外は皆、比叡山で学んでいます。比叡山は言うなれば仏教の総合大学であり、「すべての道は比叡山に通じる」状態です。そこから法華経と神道的なものが融合して一切衆生はすでに仏であるという本覚《ほんがく》思想《しそう》も生まれました。

最澄が目をつけた法華経は、経典自体が呪術性《じゅじゅつせい》を帯びて信仰の対象となり、日本の仏教のなかで特別な存在となっていきました。

また、比叡山の延暦寺（＝北嶺《ほくれい》。滋賀県大津《おおつ》市）は、奈良の興福寺《こうふくじ》（＝南都。奈良市）と争い、金融を通じて京都に強い影響力を持っていた祇園社《ぎおんしゃ》、のちの八坂《やさか》神社（京都市）を支配下に置きます。京都の経済を握ったわけで、強大な力を持ちました。もっとも、そのために、戦国時代になると織田信長《おだのぶなが》に焼き打ちされてしまうのですが。

このように、最澄が南都六宗の独占を崩し、大乗戒壇という制度をつくりあげたことが日本の仏教に与えた影響は非常に大きかったのです。

日蓮宗（法華宗）	臨済宗	曹洞宗
天台宗系（題目「南無妙法蓮華経」）	禅宗系（禅）	
日蓮	栄西	道元
久遠寺	建仁寺ほか	永平寺、總持寺
題目唱和	座禅、公案	只管打坐
『立正安国論』	『興禅護国論』	『正法眼蔵』

鎌倉仏教

宗派	浄土宗	浄土真宗 （一向宗）	時宗 （遊行宗）
系統	浄土宗系 （念仏「南無阿弥陀仏」）		
開祖	法然	親鸞	一遍
総本山 （大本山）	知恩院	本願寺	清浄光寺 （遊行寺）
教義	専修念仏	一向専修、悪人正機	踊念仏、賦算
主著	『選択本願念仏集』	『教行信証』『歎異抄』	『一遍上人語録』

本郷　私の抱いていた最澄像は今、完全にひっくり返りました。空海《くうかい》（七七四～八三五年）がケレン味のある野心家で、最澄は無欲の人だと思っていました。

島田　すごい野心家ですよ。

本郷　最澄は成仏する方法論をめぐって、法相宗の徳一《とくいつ》（生没年不詳）と論争を繰り広げました（三一権実論争《さんいちごんじつろんそう》）。徳一は慧日寺《えにちじ》（福島県耶麻《やま》郡磐梯《ばんだい》町）の僧侶です。当時の会津《あいづ》にそれほどの知識人がいたことは興味深いですが、最澄の姿勢も誠実だと感じていました。現代の歴史研究者とは違って、きちんと論争もしているな、と。

島田　たぶん、最澄は徳一に、その野心を見抜かれたんですよ。

本郷　それで徳一は批判したのか。

島田　そう。批判せざるを得なかったのでしょうね。

空海伝説を検証

島田　最澄は唐に渡り、五台山など山にある寺に行きました。いっぽう空海は長安《ちょうあん》、つまり大都市にある寺に行った。しかし日本に戻ると、高野山《こうやさん》を最初の拠点にしました。都市仏教から、山岳仏教に方向転換したわけです。

真言宗の開祖・空海の生まれ育ちはよくわかっていません。四国の山中で修行をしたことになっていますが、私は、その経歴は創作されたものだと考えています。なぜそう考えるかというと、彼の書が群を抜いて巧《たく》みだからです。

本郷　私も、本当にすごい書を書く人は空海だけだと思います。

島田　その書について現代の書家が研究していますが、空海は王羲之《おうぎし》のような中国の書家を手本にしていました。当時は、日本にも王羲之の書の現物があったようです。しかし、都《みやこ》にしかなかった。それを手本にできたということは、空海は都にいたことになります。となると空海が四国の山中で修行していたという経歴は、あとになってからつくられたものではないでしょうか。私は、修験道《しゅげんどう》の山伏《やまぶし》たちが、自分たちの祖である空海の物語をつくりあげたと考えています。

本郷　そうか。密教はのちに山岳信仰と結びついて修験道を生み出していくことになります。その修験道から、あとづけで物語がつくられたのか。

島田　修験道の人たちからすれば、空海は自分たちのように山野を修行していた、しかも最澄のようなエリートではなく、庶民など〝雑草〟出身で努力したというイメージを欲《ほっ》したのだと思います。

空海は若い頃、対話にもとづき仏教の優位性を証明する『聾瞽指帰《ろうこしいき》』を書いています。それが、のちにタイトルだけ『三教指帰《さんごうしいき》』に変わる。内容は同じで序文だけ違うのですが、『三教指帰』の序文に空海の伝記的なことが書かれています。私はこの序文は偽書であって、そこで経歴が捏造《ねつぞう》されたと見ています。

本郷　十分、考えられますね。

島田　中国で見つかった史料『恵果大徳行状《けいかだいとくこうじょう》』に、入唐《にっとう》時の空海についての記述があります。これが、藤井淳《ふじいじゅん》さん（駒澤大学准教授）の著書『空海の思想的展開の研究』（トランスビュー）で引用されているのですが、それによると、唐に渡った空海は天皇の勅状《ちょくじょう》を持ち、現代で言えば五〇〇〇万円くらいの大金を持っていた。つまり、彼はもともと相当な文化人で、天皇とも密接なコネクションがあり、お金も持っていたということになります。

お金を持っていたからこそ、経典をたくさん持ち帰ることができたわけです。

最澄は国費留学で空海は私費留学、だから最澄のほうがエリートで、空海は庶民出身のように言われることがあります。しかし、裕福でないと、私費留学はできません。

このように、奥深い山野を跋渉《ばっしょう》するような空海像は、史料と乖離《かいり》しています。しかし『恵果大徳行状』について、真言宗の研究者たちは触れようとしません。まあ、今までつくりあげられてきた空海のイメージが崩れてしまいますからね。

日本仏教を席巻した密教

島田　よく密教を広めたのは空海だと言われますが、実は、密教を日本に最初にもたらしたのは最澄です。最澄は天台宗を学ぶことを目的に中国に渡りますが、当地で密教なるものが流行していると気がつきます。それで即席で勉強すると、空海より先に日本に帰ってくる。日本に戻ると、密教に対する需要が非常に高いことがわかりましたが、そこに空海が帰ってきた。空海が持って帰った密教が本物であることは、最澄自身がよくわかっていました。実際、空海の存在は仏教界で非常に大きなものになっていきます。

最澄は、あらためて空海から密教を学んでいくわけですが、最澄が亡くなったあとは、今度は円仁《えんにん》（七九四～八六四年）や円珍《えんちん》（八一四～八九一年）などの最澄の弟子たちが中国に渡ります。彼らが中国で密教を学んで、持ち帰ってくる。そうして補強されて天台宗の密教もどんどん発展する。真言系と天台系の両方の密教が、双璧として日本の仏教界を席巻していったのです。

本郷　最澄の天台宗が顕教《けんきょう》（言葉、文字で説かれた教え）。空海の真言宗は加持祈禱《かじきとう》を行い、呪術的なものを重視する密教（人間の理性では把握できない秘密の教え）。黒田俊雄《くろだとしお》さん（大阪大学名誉教授）は中世の宗教について、この二つの名を取って「顕密体制」と呼びましたが、この呼び方はちょっとミスリードを誘うかもしれませんね。

島田　顕教と密教を分ける必要はないでしょう。密教が導入されることによって日本の仏教が刷新されて、その刷新された仏教が主流になるわけですから。

本郷　私は、天台宗も密教、すなわち台密《たいみつ》ですから、真言宗の東密《とうみつ》（東寺《とうじ》の密教）と共に「密密体制《みつみつ》」と呼ぶのが正しいと言っています。ただ、それでもあまり語呂《ごろ》が良くない。要するに「密教体制」だったわけですね。

島田　それほど密教の影響はすごかったのです。密教は南都六宗にまで浸透します。奈良仏教の寺、たとえば薬師寺では不動堂《ふどうどう》がつくられ、今でも山伏が護摩《ごま》を焚《た》いています。「密教にあらずんば仏教にあらず」という状況になっていきました。

また、神仏習合《しんぶつしゅうごう》（日本固有の神の信仰と仏教信仰の融合）においても、密教の果たした役割は決定的に大きかった。

本郷　本地垂迹説《ほんじすいじゃくせつ》（神は仏が権《かり》に形を変えてこの世に現れたもの＝垂迹とする思想）では、たとえば、須佐之男命《すさのおのみこと》と大黒天《だいこくてん》がくっつけられますが、その時に「経典のこの部分に根拠がある」などの説明はあったのでしょうか。

島田　根拠は特に求められず、夢告《むこく》（夢のお告げ）など、自由な想像力が発揮されました。そのなかでさまざまな物語が生まれて、神と仏、そして人が入り交じる中世神話ができあがっていきました。こうして、非常に複雑な宗教世界が、中世に成立したのです。それは、キリスト教の聖人伝《せいじんでん》や聖杯《せいはい》伝説を中心にした神話世界に匹敵するものでした。

本郷　現代の日本人の合理的主義的な考え方からすると、そんなのただの伝説でしょう、神話でしょうという話になるでしょうが……。

島田　平安時代から鎌倉時代、あるいは室町時代まで、当時の人たちにとって、神話的世界はリアルなものとして迫っていました。「神仏とどう付き合っていくか」は、公家社会にとって大きな課題でした。武家社会でも、同様です。
密教を触媒として神仏習合が著《いちじる》しく進み、そこで巨大な神話的世界が生まれていたのが鎌倉時代です。当時の精神世界の主流は密教的なものであり、それを受け入れるかどうかに、鎌倉仏教の各開祖のそれぞれの在り方が関係していたと、私は見ています。しかし鎌倉仏教の各宗派というレベルに分解してしまうと、そこが見えづらくなってしまいます。

平安仏教は堕落していたか

本郷　インド仏教は世俗《せぞく》を離れ、修行をして悟《さと》りを開くことを目指します。出家《しゅっけ》、まさに家を出るところから始まるわけです。しかし日本では、たとえば門跡《もんぜき》（皇族や公家などが出家して入室する寺院、または住職）のようなポジションができて、宗教的な地位まで皇族や上級貴族に世襲されるようになりました。私みたいな人間からすると、そうした平安仏教（天台宗、真言宗）の在り方は、堕落してしまったように見えます。

島田　日本の仏教には常に、堕落がキーワードとしてつきまといます。そもそも宗教自体、キリスト教におけるカトリック（旧教）とプロテスタント（新教）のように、従来の古い堕落したものを乗り越えようとして新しいものが出てきたと見られがちです。そのことに対して、私は疑問を持っています。

本郷　古代では緊張感を持ってすごい勢いで海外の文物《ぶんぶつ》を学び、仏教を受け入れた。何しろ、渡海は命がけでしたから。その流れの最後に、最澄や空海が現れる。しかし、やがて遣唐使《けんとうし》が廃止され、内向きの時代になると、弛緩《しかん》していった。そして、皇族出身の僧侶がトップにいて、それに仕える上級貴族出身、中級貴族出身と続いて、下には僧兵になるような武士出身……と、俗世とパラレルな構造が聖界にも成立しました。

　これは、私には堕落してしまったように思えます。それに、「鎌倉仏教が出てくる前段階に、堕落した平安仏教があった」と考えると、わかりやすくもなります。

島田　仏教では本来、最終的に悟りを開いて解脱《げだつ》（生死が無限に繰り返される輪廻転生《りんねてんせい》から脱却して究極の自由を得た状態）することを目指します。この考え方は、中国では一部は受け入れられましたが、輪廻転生を突き詰めて考えることを中国人はしませんでした。むしろ来世により良い世界に生まれ変わる、成仏するところに関心を持ったわけです。この成仏という考え方が日本に来て、平安時代に浄土信仰が花開いたわけです。

本郷　なるほど。堕落した平安仏教を乗り越えようとして、鮮烈な鎌倉仏教が現れたのではなく、中国とのかかわりのなかで仏教を絶えず受容し、その流れのなかで新しい教えが開花したという見立てですね。

宗派は幻想である

島田　日本の仏教研究は、仏教そのものを研究するというより、各宗派に属している人たちが、それぞれの宗派を研究することが大勢《たいせい》です。そうすると、南都六宗などは宗派として弱く、また日本人の宗祖（開祖）がいないために劇的で興味深いエピソードを綴《つづ》ることができません。自分たちをアピールすることが難しいのです。つまり、鎌倉仏教の評価が高いのは、各宗派に属している人たちが開祖やそれに続く高僧を持ち上げてきたからだと思います。

本郷　その結果として、いわゆる知識人たちの間でも評価が高くなった。

島田　彼らも興味を持ち、調べた結果、鎌倉仏教を高く評価しました。たとえば、評論家の加藤周一《かとうしゅういち》さんは著書『日本文学史序説』（ちくま学芸文庫）において、日本の思想のなかで唯一、鎌倉時代の仏教だけが「超越」という考え方を取り入れていたとの高い評価を与えています。開祖のなかでは、親鸞などが知識人に関心を持たれることが多いですね。
本郷　しかしそうなると、宗派とは何か、という話になってきますね。
島田　本格的な宗派の成立は、実は江戸時代になってからです。江戸幕府は、各宗派に本山《ほんざん》を定め、すべての人々が寺に帰属する寺請制度《てらうけせいど》をつくりました。この結果、宗派がクローズアップされて、力を持つようになったのです。各宗派の違いが明確に意識されるようになったのは江戸時代以降であり、それ以前はかなり曖昧《あいまい》でした。
本郷　なるほど。海住山寺《かいじゆうせんじ》（京都府木津川市《きづがわ》）の貞慶《じょうけい》（解脱上人《げだつしょうにん》。一一五五～一二一三年）は、「興福寺奏状《こうふくじそうじょう》」を送って法然を糾弾したことで知られています。貞慶が、浄土の教えを説いた法然に「あなたは阿弥陀如来《あみだにょらい》だけを尊《とうと》ぶのか」と詰問すると、法然は「いや、私は弟子に『薬師如来《やくしにょらい》や釈迦如来《しゃかにょらい》も尊重しろ』と言っています」と答えました。これは方便でもなければ堕落でもないわけですね？
島田　そうです。それがむしろ当時の信仰のリアルだったと思います。
本郷　しかし島田さん、そうすると、鎌倉仏教とはいったい何だったのでしょうか。
島田　鎌倉仏教とは近代が生み出した幻想です。明治以降、近代になってから宗派は大きな意味を持つようになりました。各宗派の力を誇示するには、開祖が偉大である必要があ

仏の階層

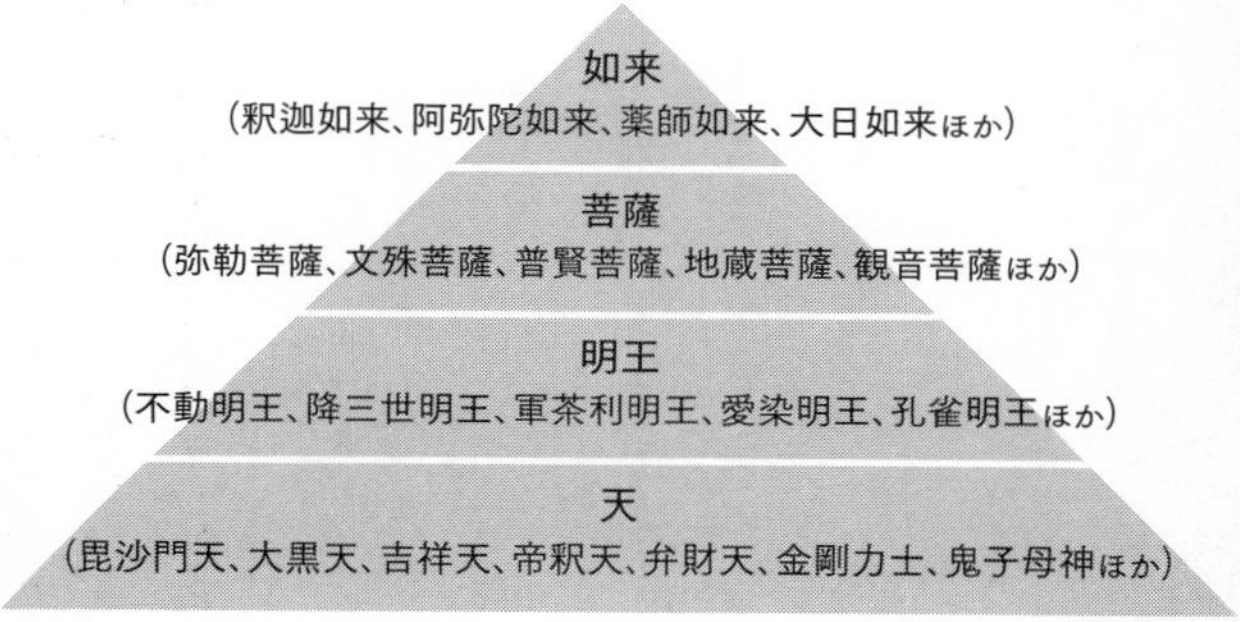

り、そのアピールのためにストーリーがつくられ、神格化されていったのです。

そうして戦前には日蓮、戦後だと親鸞が知識人に大きな関心を持たれるようになりました。西洋近代文明に対抗する時の道具として、そこに思想の強さを求めて、開祖たちの存在を活用した面もあるでしょう。

本郷　私は、仏教史が専門ではなく、ましてや宗教学をきちんと学んでいませんから、精神世界について、適当に語ってしまうのはまずいと考えていました。だから、なるべく現代的な合理性のもとで語り得るものは、そのように語ろう、自分のテリトリーのなかで責任を取れる範囲で発言しようとしてきました。

精神世界の話は、それをきちんと学んで、研究している人に学ぶのが一番です。島田さんのお話をうかがうと、腑《ふ》に落ちることがたくさんあります。いや、そんな言葉では足りないな。むしろ驚きの連続です。これからいわゆる鎌倉新仏教と呼ばれるものについて、うかがいたいと思います。

島田　それでは、法然から始めましょう。

第一章

法然——穏健で過激!?　平安仏教から離れた最初の宗祖

なぜ明恵は法然を批判したのか

島田　法然については、平安時代から鎌倉時代という過渡期的な時期に登場して、浄土宗の開祖となった革新的な存在とされています。

しかし、そうした法然像には、のちに浄土宗が成立したことによって、神格化された部分があります。宗派の価値を高めるために、開祖の存在を大きく見せようとした。そうした形で、独自の宗教思想家としての法然像がつくりあげられていったことは否《いな》めないと思います。

本郷　否定できないのですね、そこは。

島田　法然について、私がもっとも問題だと思うのは、彼の教えや考えと、彼が著《あらわ》したとされる『選択本願念仏集《せんちゃくほんがんねんぶつしゅう》』との関係です。法然は同書で専修念仏《せんじゅねんぶつ》、つまり「念仏（仏の姿を念じ、仏の名を口にすること）を唱えることで、誰でも浄土（煩悩《ぼんのう》や穢《けが》れのない仏の住む世界）に生まれ変わって仏になれる。これ以外、他の修行はいらない」と説いたことになっていますが、これを本当に法然の思想としてとらえていいものでしょうか。

本郷　そこから違うのですか⁉

島田　そうなんです。『摧邪輪《さいじゃりん》』を書いて、法然を批判した明恵《みょうえ》（一一七三〜一二三二年）がいますね。

本郷　はい。明恵は華厳宗の僧侶で、他力《たりき》の救済を説く法然に対して、自力《じりき》修行の立場から批判しました。

島田　彼はもともと法然を知っていた。しかし、その時点では批判していない。しかし『選択本願念仏集』ができあがって、それを読んだ時に「ここにはとんでもないことが書かれている」と批判を始めるのです。ということは、明恵がとらえていた実像としての法然と、同書に書かれていることの間に大きな差があった。その差があるがゆえに、明恵は批判するようになったのではないでしょうか。

本郷　確かに、そうですね。

法然の法力

本郷　法然は最初、比叡山に上がりますね。

島田　比叡山では、平安時代中期に源信《げんしん》（恵心僧都《えしんそうず》。九四二〜一〇一七年）が現れ、念仏信仰、浄土信仰を広めていきました。そうした素地のある比叡山で勉強することで、法然も浄土信仰に目覚めます。法然が比叡山で出合った浄土の教えでは、念仏を行うにしても浄土の様子をありありとイメージする観想念仏《かんそうねんぶつ》に重きが置かれていました。しかし法然に至って、声に出して「南無阿弥陀仏《なむあみだぶつ》」の六文字を唱えるだけでいいという称名念仏《しょうみょうねんぶつ》が主張されるようになった——とされています。

法然はとても優秀な僧侶で、当時の高僧たちが集まって法然の教えを聴き、感服したという伝説があります。いわゆる大原問答《おおはらもんどう》です。その場には、前章で本郷さんが触れた貞慶などもいたことになっています。しかしこれに対する具体的な史料はなく、かなり怪しい話です。

本郷　法然はむしろ比叡山を下りてから、名を知られるようになったように思います。

島田　かなり遅咲きです。彼が世に出るにあたっては、当時の朝廷の実力者である九条兼実《くじょうかねざね》に見込まれたことが大きかったのです。ただ、兼実の日記『玉葉《ぎょくよう》』を見ると、兼実が法然に期待したのは専修念仏の教えではありません。法然は、兼実に対して授戒《じゅかい》（僧が戒律を授けること）の儀式を頻繁に行っていますが、実際のところ、兼実のために祈禱を行っていたのではないでしょうか。

本郷　確かに。摂政《せっしょう》、関白《かんぱく》、太政大臣《だいじょうだいじん》を歴任した最高位の貴族であり、知識人の九条兼実が、専修念仏の教えを求めていたようには思えません。そうなると、兼実が法然を認めた理由は、法力《ほうりき》（仏法を修行して得た不思議な力）ということになりますね。鎌倉時代の史料を見ると、身分の高くない僧侶が一流の貴族の庇護を受けるようになる理由は、基本的に法力です。

島田　道鏡《どうきょう》（生年不明〜七七二年）など、そのような僧侶は歴史のなかで繰り返し現れてきます。法然もそのひとりだったのでしょう。

『選択本願念仏集』をつくる作業は、法然と弟子たちによって行われています。その現場に法然もいたことになっていますが、書き手は明らかに違います。三〜四人が分担して書いています。そうなると、法然の思想というより、弟子の思想ということになります。また、明恵は他人から聞いた話として、法然は文章を書くのが得意ではないと述べています。実際、『選択本願念仏集』のなかで法然の手による部分は表題と名号《みょうごう》（南無阿弥陀仏）ぐらいです。

これらから、「法然が専修念仏を説く独自の信仰を確立した」との定説は疑うべきだと私は考えているのです。

法然集団の過激化

本郷　法然の教えには、他宗を排除するような過激な部分があります。しかし法然自身は学僧《がくそう》とか清僧《せいそう》と言われるように、仏教研究に勤《いそ》しみ、戒律を守った人というイメージがあります。このあたりはいかがですか。

島田　法然は「浄土の教えがもっとも尊い」と考えてはいましたが、他の仏教の方法論は不要であると否定する思想を持っていなかったでしょう。彼は、他の教えも認める穏健派でした。しかし、弟子たちのなかに過激な人たちがいた。そのため、念仏衆《ねんぶつしゅう》(阿弥陀仏を信じて成仏を願う人たち)は、専修念仏一本槍《いっぽんやり》の集団と見なされるようになるのです。

本郷　フォロワーのほうが過激に走る現象は、政治的な行動でも見られますね。たとえば、鹿児島県の士族が反乱を起こした明治一〇(一八七七)年の西南《せいなん》戦争では、リーダーとなった西郷隆盛《さいごうたかもり》が過激な主張で周囲を引っ張ったかというと、そうではない。ともすれば暴発しそうになる仲間たちを、西郷が抑《おさ》えていたとの見方があります。

島田　法然集団は、単に念仏を唱えるだけの人たちだけでなく、戒律など歯牙《しが》にもかけず、念仏さえ唱えれば、あとは全否定するような過激派を抱えていました。そして、「念仏だけでいい。他は何もいらない」と説く弟子たちが現れたことで、そうした部分に共鳴する人たちが集まり、増えていったのでしょう。周囲からは、アナーキー集団と見られていました。だから、奈良仏教の興福寺が朝廷に「興福寺奏状」を送り、専修念仏の取り締まりを求めたわけです。

本郷　法然は元久元《げんきゅう》（一二〇四）年、『七箇条制誡《しちかじょうせいかい》』をつくっていますね。

島田　法然自身が、弟子たちのなかには知識もなく、行いの良くない者が紛《まぎ》れ込んでいたと認め、他の仏や菩薩《ぼさつ》を誹謗《ひぼう》するな、無知であるにもかかわらず知識のある人に諍《いさか》いを吹っかけるな、などと戒《いまし》めました。そして、この戒めに背《そむ》く者は門人ではない、と非常に強い言葉で叱責しています。これを見ても、やはり法然は穏健派としてとらえたほうがいいと思います。

本郷　序章でも触れましたが、貞慶に「あなたは阿弥陀如来だけを尊ぶのか」と糾弾された法然は、「いや、私は弟子に『薬師如来や釈迦如来も尊重しろ』と言っています」と答えました。これはその場しのぎの方便でも、堕落でもなく、当時の信仰のリアルだった。しかも、法然の実像でもあったということになりますね。

つくられた法然像

島田　開祖の言動や行いを弟子たちがつくりあげていった例は、他の宗教・宗派にも見られます。

たとえば、キリスト教の『新約聖書《しんやくせいしょ》』の「福音書《ふくいんしょ》」（イエスの言行録。マタイ、マルコ、ルカ、ヨハネの四書がある）には、さまざまなイエスの行いが記されています。ところが、『新約聖書』において最初に成立した「パウロの書簡」では、パウロは最後の晩餐《ばんさん》に際してイエスが語った話を除いて、イエスの行いを何も記していません。ということは、パウロが書簡を書いた段階では、イエスの他の伝承はなかったと考えられます。つまり、『新約聖書』で語られているイエスのふるまいは、のちの福音書作家たちが、『旧約聖書《きゅうやくせいしょ》』の預言と合致するような形でつくったとしか考えられないのです。

同じことは、釈迦にも言えます。私は、自著『ブッダは実在しない』（角川新書）で述べたように、釈迦は伝説の人物であると考えていますし、彼にまつわる伝承も後世になってつくられたものと見ています。

いっぽう、言行が比較的はっきりしているのはイスラム教の開祖ムハンマドです。ムハンマドの行いについてはあまりにも伝承が多く、これは否定できません。しかし世界宗教の開祖のなかで、このような例は逆に珍しいのです。

本郷　ムハンマドはキリストの六〇〇年くらいあとの人ですから、それだけ情報化も進み、記録も残っているのでしょうね。法然が阿弥陀仏だけなく、バランス良く、他の仏にも敬意を捧げることを主張した穏健派であるとすると、法然の独自性は、どこに出てくるのでしょうか。

島田　阿弥陀仏中心であることはまちがいありません。阿弥陀仏の本願《ほんがん》に縋《すが》ることで救われる、と言っているわけですから。

本郷　菩薩とは、悟りを求める人のことですね。阿弥陀仏がまだ法蔵菩薩《ほうぞうぼさつ》だった時に「すべてのものを救う。もし救えないなら自分は仏にならない」と誓いを立てました。それが阿弥陀仏の誓い、いわゆる本願ですが、結果、法蔵菩薩は阿弥陀仏になりました。ということは、「すべてのものを救う」という阿弥陀仏の本願もすでに成就《じょうじゅ》している。だから我々は、その本願にお縋りすればいい、自力ではなく他力で救われよう――。法然のこうした論理展開はすごいですね。強引ではありますが、この強引さこそ、宗教家としての法然の主張であり迫力であると受け止められてきたのではないでしょうか。

島田　ただ、浄土教信仰そのものは中国から伝わってきたものですから、独自の信仰を確立した法然というイメージは、やはり後世に創作されたものでしょう。

弾圧された本当の理由

本郷　法然は承元《じょうげん》元（一二〇七）年、讃岐《さぬき》国（現・香川県）に配流《はいる》（流罪《るざい》）されてしまいます。これは、彼の高弟《こうてい》が後鳥羽《ごとば》上皇の寵愛する女性と密通したスキャンダルが契機になったと言われますが、事件そのものが問題だったのでしょうか、それともスキャンダルを口実にして、危険思想のもとを断《た》とうとしたのでしょうか。

島田　おそらく、その両方でしょう。危険視もされていたし、事件も問題だった。法然が『七箇条制誡』を出して弟子たちを戒めたということは、実際に戒めなければならないような行動があったことを示しています。僧侶でありながら不邪婬戒《ふじゃいんかい》を破り、密通事件を起こす輩《やから》も現れたわけですから。

本郷　この件では四人の弟子が死刑になっています。私は、キリスト教世界ならともかく、この大らかな日本で、宗教問題で死刑が出たことが不思議でした。しかし、社会の異端分子であり、過激派が「師匠の言うことを聞かずに女遊びしてしまいました」という事件だったのなら、権力者に殺されることもあるでしょうね。

島田　もっとも、その事実に関しては慈円《じえん》（天台座主《てんだいざす》。一一五五〜一二二五年）の『愚管抄《ぐかんしょう》』など複数の史料はあるのですが、それぞれ内容に違いがあり、全体像がはっきりしません。誰が罪を問われたかも確定できないのです。

おそらく、法然は人に慕われる資質を持っていたのでしょう。人物の器《うつわ》が大きいゆえに、大勢の人たちが集まってきました。それは、武士たちが源頼朝をリーダーとして押し立てたのと似ています。さらに法然は穏健、言い方を変えればはっきりした思想がないため、過激派を含めた雑多な人たちが入ってくることができて、やがて法然にも制御できないほどの勢いになっていったのだと思います。

本郷　その結果、法然集団は社会から危険視されることになった。

島田　そういうことでしょうね。法然が流罪になったことをどうとらえるかは、法然という人物をどうとらえるかに連動します。たとえば、法然が他の教えを積極的に否定する過激な考え方、独自の思想を持っていたとすると、一連の事件は法難《ほうなん》ということになります。

逆に、法然自身は他の教えも認める穏健な人だとすると、宗教上の問題だけではなく、さまざまな要因がかかわっていたと考えることができます。

鎌倉幕府の根底にある浄土の教え

島田　親鸞が法然の説教などを書写した『西方指南抄《さいほうしなんしょう》』からは、法然と鎌倉幕府のつながりを見ることができます。

『西方指南抄』は、新井俊一《あらいとしかず》さん（相愛大学名誉教授）による現代語版があり（『親鸞「西方指南抄」現代語訳』春秋社）、そのなかに「二位禅尼《にいのぜんに》に答うる書」があります。二位禅尼とは源頼朝の妻・北条政子《ほうじょうまさこ》のこと、つまり北条政子の質問に法然が答えて、念仏の教えについてやさしく説いた文書です。そこには、当時「法然が熊谷入道《くまがいのにゅうどう》と津戸三郎《つのとのさぶろう》に他の行《ぎょう》をさせずに念仏だけを勧《すす》めたのは、彼らが無智《むち》だからだ」と批判する者たちがおり、それについて政子が法然に聞いているところがあります。

ちなみに、熊谷入道とは武蔵《むさし》国（現・東京都、埼玉県、神奈川県の一部）出身の御家人《ごけにん》・熊谷直実《くまがいなおざね》、津戸三郎は同じく武蔵国の武者・津戸三郎為守《ためもり》のことです。政子の問いに対して、法然は「阿弥陀仏の本願は一切衆生のためのもので、男女、有智無智《ゆうちむち》、持戒破戒《じかいはかい》などの分け隔《わへだ》てはしません」と答えています。こうしたやり取りを交《か》わす法然と北条政子は、どのような関係だったのでしょうか。

本郷　その話は、はじめて聞きました。北条政子は臨済宗の開祖・栄西、同じく臨済宗の僧侶・退耕行勇《たいこうぎょうゆう》（一一六三〜一二四一年）など、名のある僧侶たちから、教えを受けていました。そのような僧侶のなかに、法然もいたことになります。法然は当時の仏教界では有名だったのですか。

島田　有名ですね。というか、スーパースターだったと言ってもいいでしょう。だから、九条兼実も帰依《きえ》したのです。

本郷　九条兼実は親幕派で、兼実に仕えていたのが、貴族の一条能保《いちじょうよしやす》です。能保の妻・坊門姫《ぼうもんひめ》は源頼朝の妹ですから、政子につながりますね。

私の基本的な認識として、鎌倉幕府の初期、初代将軍・頼朝の頃は、武士に「きちんと政治をしよう」という意識は未《いま》だありませんでした。その後、第五代執権《しっけん》・北条時頼《ときより》が現れて、ようやく民《たみ》を大事にする撫民《ぶみん》という考え方が見られるようになるのですが、そこには浄土の教えの影響があったと思います。

では、時頼の思想がどこから来たのかを考えると、彼の大叔父で、連署《れんしょ》（執権の補佐役。

公文書に執権と連名で署名した）を務めていた北条重時《しげとき》に行き着きます。歴史上は、極楽寺《ごくらくじ》重時の名でも登場する彼は、六波羅探題《ろくはらたんだい》（京都・六波羅に置かれた幕府の出先機関およびその長官）として長い間、京都にいたのですが、その時に浄土の教えとかかわりを持ち、熱心な信仰者となったようです。そのつながりで法然の直系の弟子である信瑞《しんずい》（生年不詳〜一二七九年）が鎌倉に呼ばれて、時頼とも話をしています。こうしたところから、民を大事にするという発想が出てきたと私は見ています。

島田　法然の門下は浄土信仰でつながる、言わば結社でした。その構成員は高貴な人たちではなく、武士や庶民などの一般人です。そうして武士、特に幕府周辺の武士たちが浄土の教えに触れるようになり、また平安時代と異なり武芸だけでなく、政治をも司《つかさど》る。つまり為政者《いせいしゃ》としての意識も高まり、撫民という発想が出てきたのではないでしょうか。

やさしい仏教

本郷　ただ、北条時頼自身の信仰は禅宗で、臨済宗の建長寺《けんちょうじ》（神奈川県鎌倉市）を建てています。それだと、浄土の教えは、彼にとって何だったのかとも考えてしまいます。

島田　そこで「宗派の枠を外そう」ということになるわけです。現代の私たちが考える宗派と、当時の人たちが考える宗派とは違います。彼らは、たとえば「自分は臨済宗だから、浄土宗の考え方には賛同できない」とは思わなかったでしょう。

ここは、なかなか理解されにくいのですが、現代でも、世界平和統一家庭連合《せかいへいわとういつかていれんごう》（旧・統一教会）と幸福の科学《こうふくのかがく》の両方に入っている人がいます。創価学会《そうかがっかい》と立正佼成会《りっしょうこうせいかい》に同時に入会している人もいます。ましてや当時、現在のような形の宗派は意識されることはなかったのですから、複数の宗派を同時に信じることは至極《しごく》自然なことでした。時頼の場合も、彼が禅宗に帰依していたと考える必要はありません。時頼が禅の教えにも、浄土の教えにも、その他の教えにも耳を傾《かたむ》けることは十分考えられます。

本郷　なるほど、そうか。たとえば戦後、地方から都会に出てきて、周囲に知り合いもおらず、さびしくなって宗教を求める時、そこに仲間がいて救われると感じるから入信する。宗派があるから入信するわけじゃないんだ。

島田　このことは日本に限ったことではありません。バルカン半島が典型ですが、実際の信仰の現場ではキリスト教とイスラム教が混交していることがあるわけです。特に中世という混沌の時代を見る時は、現代的な宗派という考え方を外していく必要があります。

本郷　つい、キリスト教におけるカトリック対プロテスタントのように排他的なものとしてとらえてしまいがちですね。

島田　前章で述べたように、中世は宗派どころか、神と仏の混交もどんどん進んだ時代ですからね。この時代に武士の政権が誕生し、やがて彼らが政治という行為に目覚めていく。そうした流れがあったとすると、やはり鎌倉時代において、新しい世界が開かれていたということなのでしょうね。

本郷　私はまさにそう考えています。

島田　そうすると、法然が日本史上に果たした意義は、比叡山から離れたことにあったのかもしれません。南都北嶺と呼ばれますが、実際は北嶺、すなわち比叡山が傑出した力を有していました。法然はその比叡山から離れて、新しい教団をつくった。そこに、武士や庶民など、既存の仏教が相手にしなかったさまざまな人たちが集まってきました。その法然をそのまま真似《まね》ることはしないが、同じような経緯を辿る宗教者が続き、のちに鎌倉仏教と呼ばれるようになった——。

本郷　私の考えでは、法然の教えは「やさしい仏教」ということになります。難しい学問もいらないし、厳しい修行も不要。寺や仏像をつくらなくてもいい。まさに、やさしい仏教です。その教えは人にやさしくすることにも通じ、幕府の政治にも影響を与えたわけです。

島田　そうした「やさしい仏教」のもとということになると、やはり法華経になります。浄土信仰も念仏を唱えさえすれば浄土に行けますが、自力の修行では難しいなどの条件を分けて、成仏できない人もいる。しかし最澄が重視した法華経は、すべての命は存在しているだけで悟りに導かれる、つまり誰でもが救われるという教えです。この考え方は、比叡山の根本となっています。

本郷　しかしですよ。そうなってくると怖いなと思うのは、この先に展開するであろう法然と親鸞の関係性ですね。

島田　はい、そこが問題です。

第二章

親鸞——謎だらけの生涯と、巨大教団になった理由

謎① 親鸞は法然に評価されなかった!?

島田 元久元（一二〇四）年、仏教界からの反発を受けた法然は、弟子たちの過激なふるまいを戒めました。それが前章で述べた『七箇条制誡』です。法然は、これに弟子たちの署名を求めました。まず信空《しんくう》（一一四六～一二二八年）、隆寛《りゅうかん》（一一四八～一二二八年）などの高弟たちが署名します。続いて一般の弟子たちが署名していくのですが、そのなかに当時、綽空《しゃくくう》と名乗っていた親鸞が含まれていました。しかし、彼の順番は日付が変わって二日目で、全体の八七番目です。その二人あとに、蓮生《れんしょう》（一一四一～一二〇八年）が署名していますが、これが熊谷直実です。全体では一九〇人が署名しています。

本郷 直実と変わらないポジションか、低いですね。

島田 弟子として年齢が離れていることもあり、親鸞が二日目にいるのは仕方がないかもしれません。

しかし、これまた前章で触れた『西方指南抄』のなかにも、『七箇条制誡』が出てきます。そこには署名した人の名前が挙げられているのですが、親鸞の筆写版ではオリジナルから大幅に署名の数が減って、全体で二二人なのですが、親鸞自身は二一番目と、かなり順番が上がっています。ここが、親鸞の怪しいところなんですよね。

本郷　自分の順番を大幅に盛っているわけか。

島田　法然は、自分の『選択本願念仏集』を写させる権利を、ごく限られた人に与えました。親鸞は、自分はその希少な許しを授かったひとりだということを自ら書いているのですが、浄土宗側の史料では親鸞の名前は挙がっていない。筆写を許された人は皆、法然の高弟で、そこに親鸞は含まれていないのです。どちらが本当なのか、という話ですが、私は「親鸞経歴盛った説」です。親鸞が写した『選択本願念仏集』が残っていれば証拠になるのですが、それは出てきていません。

本郷　うーん。それはいかにもありそうな……。

島田　宗教における師匠と弟子の関係はなかなか難しく、教団の外からではよくわかりません。たとえば創価学会では、第二代会長の戸田城聖《とだじょうせい》が五八歳で亡くなると、池田大作《いけだだいさく》が継ぎましたが、その際にも、いろいろ言う人がいました。ただ、この場合は両氏が一緒に写っている写真が大量に存在しています。それを考えると、やはり池田が相当、見込まれていたことはまちがいない。しかし、法然と親鸞の場合はそこが不明、というか怪しい。なお、創価学会については第六章で詳しく述べます。

謎② 親鸞は流罪になっていない!?

島田　親鸞の経歴で、もうひとつ疑問なのが彼の流罪です。師の法然が讃岐国に流されることになり、高弟たちも連座して各地に流罪となりました。親鸞もまた越後国《えちご》（現・佐渡島《さどがしま》を除く新潟県）に流されたことになっています。この経歴が、彼の箔《はく》となっているわけですが、これについて史料の専門家である本郷さんにおうかがいしたい。

親鸞が、流罪となった経歴について、親鸞自身で記したとされるのが、彼の主著『教行信証《きょうぎょうしんしょう》（正式名称・顕浄土真実教行証文類《けんじょうどしんじつきょうぎょうしょうもんるい》）』です。主著と言っても、膨大な経典の引用から成っています。このなかに「後序《こうじょ》」と呼ばれる、あとがきのような部分があります。

本郷　親鸞の字はかなり個性的ですね。率直に言うと、教養のある人はこうした字は書きません。

島田　独特の字ですよね。そこで、親鸞は次のように書いています。

真宗興隆《しんしゅう》の太祖《たいそ》、源空法師《げんくうほうし》、ならびに門徒数輩《もんとすはい》、罪科《ざいか》をかんがえず、みだりがわしく死罪《しざい》につみす。あるいは僧儀《そうぎ》をあらため、姓名《しょうみょう》をたまいて遠流《おんる》に処《しょ》す。予《よ》はそのひ

とつなり。（親鸞著、金子大栄校訂『教行信証』岩波文庫）

「源空法師」は法然を指しています。親鸞は、法然と弟子たちが罪科のために死罪や遠流（流罪）に処せられたが、自分もそのひとりである――と言っています。ただ、この書き方だと、自分も流罪に処せられたひとりなのか、流罪に処せられた法然の弟子のひとりなのか、どちらでも解釈できるように感じます。

本郷　はい、どちらの意味にも取れます。「予はそのひとつなり」のところで文脈を切るか切らないかで、解釈が変わりますね。

島田　親鸞は、そのあとにこのようにも書いています。

空師《くうし》ならびに弟子《でしら》等、諸方《しょほう》の辺州《へんしゅう》につみして、五年の居諸《きよしょ》をへたり。（同右）

「空師」は法然のことですが、もし親鸞も流されたひとりであれば、このような客観的な言い方ではなく、「自分も許された」というような記述になるのではないでしょうか。

本郷　「諸方の辺州につみして、五年の居諸をへる」のは法然と弟子であって、書いている親鸞自身はそこに含まれていない、ということですね。

島田　というのは、親鸞は自分が流罪になったことを、他のどこにも述べていないのです。さらに、法然が流罪に遭《あ》ったことは慈円など他の人も記していますが、そのなかに親鸞の名前が出てきません。ただ、親鸞が越後国にいたことは確かなのです。そもそも、越後国は流罪の地なのでしょうか。

本郷　越後国と佐渡国《さど》(現・佐渡島)は現在では同じ新潟県ですが、当時は国が違います。そして、佐渡国は流刑《るけい》の地でしたが、越後国は違います。

島田　私は流されたのではなく、難を避けるために越後に行った可能性があると考えています。もっとも九九パーセントの研究者が、流罪に遭ったと解釈しています。そう取らない人は、ほとんどいません。『決定版　親鸞』(東洋経済新報社)を書いた、武田《たけだ》鏡村《きようそん》さん(日本歴史宗教研究所所長)くらいです。

謎③　恵信尼との出会いは嘘!?

本郷　前章で述べたように、法然の流罪には二つの解釈ができます。ひとつは後鳥羽上皇の寵愛する女性と法然の高弟との密通が問題となり、かかわった者は死罪または流刑になった。法然も監督不行き届きということで、流罪となりました。もうひとつは、密通事件を口実にして、社会的に危険な集団として見られていた法然教団を弾圧した。

もし親鸞が流罪に処されていたとすると、密通事件にかかわるような高弟であったか、あるいは教団のなかで過激派と見られていたか、どちらかということになります。

島田　そのどちらでもなかったのではないでしょうか。高弟でもなかったし、過激派でもなかった。高弟だったと言っているのは本人だけ。そして、過激派という印象もこの人にはありません。つまり……。

本郷　親鸞は流されていない、と。

島田　おそらく。その根拠は、日蓮との比較です。日蓮はまちがいなく佐渡国に流されていますが、彼はその経験を、決定的な出来事として何度も繰り返し、その原因などについて考察しています。佐渡国で暮らしていた間にも、自分はなぜこんな目に遭ったのかと、思考をめぐらせ、『開目抄《かいもくしょう》』などを書いています。このような日蓮と比べて、親鸞は自身の流罪について何も語っていないのです。

本郷　親鸞は越後国で、妻となる恵信尼《えしんに》（一一八二〜一二六八年頃）と出会ったと言われますね。

島田　親鸞が越後国にいたことは確実です。ただ、親鸞と恵信尼がどこで出会ったかはわかっていません。私は越後国に行く前に、すでに京都で出会っていたと見ています。

本郷　親鸞にすれば、自分の所属している団体のトップや幹部が検挙されて、やばい状況になった。ほとぼりがさめるまで、自分もしばらくガラ（身柄）をかわそうと考えて、越後国の有力氏族の娘だった恵信尼に、「あなたの実家は越後だったよね」と言った。

島田　私は、そういうことだったのではないかと考えています。

謎を解くカギは『歎異抄』にあり

島田　親鸞が流刑に遭ったことを明記した最初の史料は、弟子の唯円《ゆいえん》（一二二二～一二八九年）が師・親鸞の言葉を記した『歎異抄《たんにしょう》』で、それより前の史料はおそらくないと思います。『歎異抄』の成立年代ははっきりしないのですが、これによって、親鸞が越後国に流されたという説が広まりました。

流罪の記録は、『歎異抄』の写本によってあったりなかったりしますが、記録されているものには、法然一門がどのような刑に処されたかが人数も含めて詳しく書かれています。

後鳥羽院［の］御宇《ぎょう》［御代《みよ》］法然聖人他力本願念仏宗《たりきほんがんねんぶつしゅう》を興行す　于時《ときに》興福寺僧侶敵奏《てきそう》之上御弟子《のうえおんでし》中狼藉子細《のうちろうぜき》あるよし　無実風聞によりて罪科《ざいか》に処せらるゝ人数事《にんずうのこと》

一、法然聖人　並《ならびに》御弟子七人流罪《るざい》　又《また》御弟子四人死罪《しざい》におこなわるゝなり

聖人は土佐国《とさ》［現・高知県］番田《ばんだ》という所《ところ》へ流罪　罪名藤井元彦男《ふじいのもとひこおとこ》云々　生年《しょうねん》七十六歳なり

親鸞は越後国《えちご》　罪名藤井善信《ふじいのよしのぶ》云々生年三十五歳なり

浄円房《じょうもんぼう》［浄聞房は］備後国《びんご》［現・広島県東部］　澄西禅光房《ちょうさいぜんこうぼう》［は］伯耆国《ほうき》［現・鳥取県中西部］　好覚房《こうかくぼう》［は］伊豆国《いず》［現・静岡県の伊豆《いず》半島］　行空法本房《ぎょうくうほうほんぼう》［は］佐渡国《さど》　幸《こう》西成覚房《さいじょうかくぼう》［と］善恵房《ぜんえぼう》［の］二人　同遠流《おんる》にさだまる　しかるに無動寺之善題大僧正《むどうじ》《ぜんだいだいそうじょう》これを申《もうし》あずかると云々

遠流《おんる》之人々已上《ひとびといじょう》［以上］八人なりと云々

被行死罪人々《しざいをおこなわせらるる》。

一番　西意善綽房《さいいぜんしゃくぼう》

二番　性願房《しょうがんぼう》
三番　住蓮房《じゅうれんぼう》
四番　安楽房《あんらくぼう》
二位法印尊長《にいのほういんそんちょう》之沙《さ》汰《た》也《なり》
親鸞改僧儀賜俗名《そうぎをあらためてぞくみようをたまう》。仍非僧非俗《よつてそうにあらずぞくにあらず》、然間以禿字為姓被経奏問畢《しかるあいだとくのじをもつてせいとなしてそうもんをへられおわんぬ》。彼御《かのおん》申状《もうしじよう》于今《いまに》外記庁《げきちよう》［に］納《おさまる》と云々
流罪《るざい》以後愚禿《ぐとく》親鸞［と］令書給也《かかしめたまうなり》。
右斯聖教者《みぎこのしようぎようは》為当流大事聖教也《とうりゆうだいじのしようぎようとなすなり》。於無宿善機《むしゆくぜんのきにおいては》、無左右《さうなく》、不可許之者也《これをゆるすべからざるものなり》
釈蓮如《しやくれんによ》　御判

（金子大栄校訂『歎異抄』岩波文庫）

本郷　この記述がどこまで本当かはわかりませんね。

島田　おそらく、『歎異抄』の記述は、『教行信証』の後序をもとにつくられたものだと思います。そもそも『歎異抄』も、唯円が書いたことにして後世につくられたという説もあるくらいです。

本郷　うしろから五行目に「二位法印尊長之沙汰也《にいのほういんそんちょうさたなり》」とありますが、これは「死罪や流罪など一連のことは尊長が行った」という意味ですね。尊長（生年不詳〜一二二七年）は延暦寺の僧侶から後鳥羽上皇の側近になった人物で、承久《じょうきゅう》の乱の黒幕のひとりです。最後は幕府に捕まり、殺されました。ラスボスとまではいきませんが、中ボスくらい。ですから、ここは「悪い奴が、善人たちを死刑にしたんですよ」というニュアンスが感じられます。

島田　なるほど。次行の「非僧非俗《そうにあらずぞくにあらず》」も『教行信証』の後序からの引用なのですが、「僧にあらず俗にあらず」とはどういうことなのでしょう？

本郷　僧侶でも、俗人《ぞくじん》（一般人）でもないとはどのような状態を指すのかなあ。中味がよくわかりません。ただ、鹿《しし》ケ谷《たに》の陰謀に連座して鬼界《きかい》ヶ島《しま》に流された俊寛《しゅんかん》（一一四三〜一一七九年）は僧籍を離れたり、名前を変えたりしていません。やはり、親鸞の行動はよくわからないですね。なお、その二行あとに「愚禿親鸞《ぐとく》〔と〕令書給也《かかしめたまうなり》」とありますが、親鸞は流罪のあと「愚禿親鸞」と名乗った、つまり自《みずか》ら愚《おろ》かであると遜《へりくだ》ったわけです。こらあたりは、親鸞のメンタリティがわかっておもしろいですね。

そういえば、法然は赦免されて、最後は京都に帰り、そこで亡くなります。享年八〇。もし親鸞が高弟であれば、法然のもとに戻ってもよさそうなものですね。

島田　そうですね。

本郷　法然にしても、親鸞が高弟だったら呼び寄せて「おまえが弟子をとりまとめてくれ」などと教団の維持などを託したいはずです。しかし、そうしていない。

島田　親鸞が京都に戻るのは、法然の死後二〇年以上も経ってからです。そこも怪しいですね。

浄土真宗は『歎異抄』を認めていない

島田　親鸞自身の手による『教行信証』も、何を言っているのかよくわからないところがあります。

本郷　量は膨大ですよね。

島田　膨大ですけど、前述のように経典の引用から成っており、親鸞が書いた部分はきわめて少ない。だから専門家でさえ見るところが異なり、見解も全然違います。そうすると、親鸞の考えを知るには『歎異抄』に拠《よ》るしかない。

本郷　『歎異抄』には、「師の法然に騙《だま》されて浄土に行けなかったとしても自分はそれでいい。あなた方も好きにしろ」と唯円が言われたという、人を食ったような〝ど迫力の宗教家〟の親鸞像が出てきます。その『歎異抄』を、蓮如《れんにょ》（一四一五〜一四九九年）は初心者が読むと害があるとして禁書にしました。明治時代になって、ようやく解《と》かれましたが。

島田　浄土真宗のホームページを見ても、『歎異抄』には触れていません。そもそも教義として認めていないんですね。

本郷　そうすると、本当の親鸞の思想を知る手がかりが……。

島田　ないですね。親鸞は「他力本願《たりきほんがん》」を訴えています。一応「念仏が浄土に行くベストの道だ」とは自覚している。しかし、これは恵信尼の手紙に出てくる話ですが、不意に写《しゃ》経《きょう》を始めたりする。でも、それだと自力の修行になります。だから、まずい、と途中でやめてしまった。「善人も浄土に行く、悪人が行けないはずはない」（悪人正機説《あくにんしょうきせつ》）と言ったとされる人にしては、ずいぶんと腰が据《す》わっていない感じがします。そもそも、他力本願でいいのなら、『教行信証』などを書く必要はありません。

このように、恵信尼の手紙や日記からは親鸞の行動がわかります。逆に言えば、親鸞の伝記的な事実は恵信尼が書いていること以外、あまり残っていません。

本郷　恵信尼の手紙は、当時の身分の上下を普通に認めていて「全然平等じゃないな」と感じるところもあります。彼女は、ある程度身分の高い家の〝お嬢さま〟なんですね。

島田　彼女は、きちんとした文章を書けるほど教養が高かったのです。恵信尼の手紙によれば、本人は日記を書いていたようです。その日記が発見されたら、親鸞のことは一挙に明らかになるでしょう。しかし失われて、今のところ出てきていません。

親鸞の聖徳太子信仰

本郷　親鸞は晩年、聖徳太子《しょうとくたいし》を信仰するようになります。

島田　それがまた不思議です。聖徳太子は憲法十七条《けんぽうじゅうしちじょう》のなかで「三宝（仏《ぶつ》・法《ぽう》・僧《そう》）を敬《うやま》うように」と述べ、仏教興隆の道を開きました。また、法華経の注釈書『法華義疏《ほっけぎしょ》』を書いたとされ、法華経を信仰していたことになっています。ところが、この法華経に対して、親鸞は関心を持たず、何ら言及していません。

本郷　それじゃあ「あなたは聖徳太子のどこを信仰したのですか？」という話になりますね。

島田　親鸞と聖徳太子のかかわりは、恵信尼の書状のなかに出てきます。それによると、親鸞は二九歳の時に比叡山を下り、法然のもとに行く前に、聖徳太子建立《こんりゅう》と言われる京都の六角堂《ろっかくどう》に籠《こ》もりました。そして九五日目に、夢に聖徳太子が現れて文章を示したそうです。その文章は別途添付します、となっているのですが、そちらは残っていないので、わかりません。

親鸞の曽孫である覚如《かくにょ》（一二七一～一三五一年）が親鸞の生涯を記した『本願寺《ほんがんじ》聖人親鸞伝絵《しょうにんしんらんでんね》』では、この時、白い袈裟《けさ》を着けた観音菩薩《かんのんぼさつ》が現れて「もし、あなたが女犯《にょぼん》をするなら、私が玉のような女性になって引き受けますよ」と告げたことになっています。いわゆる「女犯偈《にょぼんげ》」の逸話です。ただ、このエピソードは覚禅《かくぜん》という真言僧が記した『覚禅抄《かくぜんしょう》』に非常によく似た話が出てくるので、それをもとにつくられたという説があります。

いっぽうで、親鸞は聖徳太子を称《たた》える和讃《わさん》（歌）を数多く残しており、聖徳太子を信仰したのは事実です。

本郷　親鸞の師である法然の教えには、聖徳太子は出てきませんよね。

島田　はい、ありません。浄土真宗の寺には親鸞の御真影《ごしんねい》がかけられていますが、聖徳太子の掛け軸も飾られています。それはおかしい、と言う人もいます。

本郷　法然は穏健ではあっても、その思想に一本、太い幹がありますね。でも、親鸞にはそれがないというより、よくわからない。

島田　法然は「法華経で救われる人たちは確かにいる。しかし自分はそこには入らない」という姿勢です。

本郷　それはよくわかります。私は、法華経で救われるような立派な者ではありませんという姿勢ですね。また、他の仏は救ってくれないような者でも救ってくれる、懐《ふところ》の深いのが阿弥陀如来であるとも主張する。

島田　親鸞は法然の教えを継ぐ人とされます。『本願寺聖人親鸞伝絵』でも、法然の考え方をそのまま正しく受け継いでいるのは親鸞だけということになっていますが、では「どう受け継いだのか」は説明されていません。やっぱり親鸞の実像はわかりにくいのです。

横に広がった浄土真宗

本郷　浄土宗と浄土真宗、この関係がまたわかりにくいですね。私が日本史の教科書に携《たずさ》わった際、「法然の教えは、親鸞によって純粋化された」と書くと、浄土宗から怒られるんですよ。「法然の思想は未完成で、それを親鸞が完成させたように書くのはやめてくれ」

と。言われてみれば、その通りだなと思う。

島田　そのことは、新聞記事にもなりましたね。浄土真宗の勢力はあまりに大きく、それに比べて浄土宗は小さいのが現状です。しかし浄土宗は、ハイクラスの人たちに受け入れられてきたように感じます。

本郷　どうも、そのようですね。格が高いところがある。いっぽう浄土真宗（一向宗《いっこうしゅう》）は戦国時代、織田信長など戦国武将たちと血みどろの戦いをすることになりますが、そうした教団の姿は、親鸞から一直線につながっているのでしょうか、それともどこかの段階で大きく変貌を遂げたのでしょうか。

島田　室町時代に蓮如が現れ、二七人の子供をなして、その子供たちが寺を開いたり、女性では寺に嫁いだりと、ネットワークを広げたことが非常に大きかったと思います。

本郷　これは教義ではなく、経済的分析からの視点なのですが、浄土真宗は中世の村落に布教する際、村落のリーダー層をつかむことに注力しました。そうすれば、村落全体を押さえることができたからです。

当時の村落は、最上位に「地主《ぢしゅ》」「名主《みょうしゅ》」と呼ばれた半士半農のリーダー層、その下に、「本百姓《ほんびゃくしょう》」がいました。彼らは自分で田畑を耕し、来年の再生産もできる。要するに種籾《たねもみ》を確保できる層です。本百姓の仲間で、より規模が小さいのが「脇百姓《わきびやくしょう》」です。その下が「下人《げにん》」です。ここになると、来年の種籾を確保する余裕はなく食べてしまう。そのため、地主もしくは本百姓に頭を下げて種籾をもらわねばなりません。その結果、彼らは上層部に対して人格的な従属をすることになります。このように基本的には地主―本百姓―下人と、三段階で構成されていました。

島田 それは、いつ頃からですか。

本郷 だいたい室町時代中期、一四〇〇年ぐらいからで、畿内《きない》（山城国《やましろ》〔現・京都府南部〕・大和国《やまと》〔現・奈良県〕・河内国《かわち》〔現・大阪府南東部〕・和泉国《いずみ》〔現・大阪府南部〕・摂津国《せっつ》〔現・大阪府北西部、兵庫県南東部〕）では顕著でした。

この村落共同体が横につながっていきます。A村と、隣のB村はほぼ同じ構造で、地縁・血縁もある。そうすると、A村とB村は「一緒に仲よくやろうぜ」とつながっていく。この村落の階層性と横のつながりに、浄土真宗の教義「阿弥陀仏の前ではみんな平等で、等しく救われる」という教義は親和性があり、共同体として安定します。

いっぽう、武士の主従制は、ひとりの頂点を生み出してそれに従う武士たちで階層的に構成されるピラミッド構造です。この縦の原理は、阿弥陀仏の前で横につながる共同体を許容することはできません。また中世以降、農業生産性が高まり、余剰生産物が生まれていました。その争奪戦が、縦に連なる武家社会と、横につながる共同体社会の間で行われた。これが戦国時代であるというのが、私の考えです。

島田　当時、もっとも余剰が生まれていたのはどこですか。

本郷　畿内、それに中部地方です。だから中部地方では、一向宗と武士の間で熾烈《しれつ》な戦いが行われたのです。織田信長は原理の違いにこだわったため、虐殺が起こりました。徳川《とくがわ》家康《いえやす》は、適当なところで手を打ちました。彼は、最終的に一向宗の本山を東西で分割して（東本願寺《ひがしほんがんじ》と西本願寺《にしほんがんじ》。いずれも京都市）、存続させています。

親鸞と東国のつながり

島田　法然は北条政子の質問に答えるという形で、鎌倉幕府とのつながりがありました。今井雅晴《いまいまさはる》さん（筑波大学名誉教授、真宗文化センター所長）は、著書『仏都鎌倉の一五〇年』（吉川弘文館）のなかで、親鸞と鎌倉幕府の関係を指摘しています。

同書によれば、第三代執権・北条泰時《やすとき》が北条政子の十三回忌法要を営《いとな》む際、一切経《いっさいきょう》を北条家と縁の深い園城寺《おんじょうじ》（三井寺《みいでら》〔滋賀県大津市〕）に奉納することを企画しました。一切経とは大蔵経《だいぞうきょう》とも言い、経典を網羅的に集成したものです。そのためには経典の写本をできる限り集めて、その異同をきちんと校正する必要があります。この作業を校合《きょうごう》と呼びます。この一切経校合を依頼できる僧侶として、法然の門弟であり、常陸国《ひたち》（現・南西部以外の茨城県）の稲田《いなだ》の草庵《そうあん》（現・西念寺《さいねんじ》〔茨城県笠間《かさま》市〕）を本拠に一〇年あまり活動をしている親鸞が見出されたそうです。親鸞は越後国を出たあと、布教のため東国《とうごく》、つまり関東に来ていました。

この一切経校合については、覚如の『口伝鈔《くでんしょう》』で触れられていたり、親鸞の生涯を描いた絵巻物『善信聖人親鸞伝絵《ぜんしんしょうにんしんらんでんね》』のなかにその時の作業を描いた絵があり、箱に入った経典が描写されたりしています。親鸞は一年ほど校合作業に携わったとされますが、このことはこれまであまり重視されてきませんでした。

本郷　私もはじめて聞きました。

島田　ところが、今から一〇年ほど前、津田徹英《つだてつえい》さん（青山学院大学教授）による論文「親鸞聖人の鎌倉滞在と一切経校合をめぐって」が発表されました。論文では一切経校合の関係者を掘り出しており、親鸞が校合の際に担当した経典をメモして、それを『教行信証』

に使ったのではないかと分析しています。なかなかスリリングな内容なのですが、読んでいると、私も親鸞がその作業に加わったのは本当なのだと考えるようになりました。

本郷 稲田にいた親鸞を見出して、泰時に紹介したのは誰ですか。

島田 『口伝鈔』には、泰時は武藤左衛門入道と宿屋入道という二人の大名に命じて、一切経校合を進めたと記されていますね。

本郷 宿屋入道というと、日蓮とのかかわりが深い宿屋《やどや》光則《みつのり》のことでしょうか。

島田 峰岸純夫《みねぎしすみお》さん（東京都立大学名誉教授）は、宿屋入道を宿屋光則に比定していました。いっぽう津田さんは系図を検討して、光則の父・重氏《しげうじ》を最有力候補としています。

本郷 親鸞は東国においてある程度の勢力を持っており、東国で一旗揚げようと考えていたのではないでしょうか。京都の貴族はなまじ教養がありますし、南都北嶺にがっちり押さえられている。折伏《しやくぶく》しようとしても難しく、なかなか広がらない。そこで、新興勢力としての武士が狙い目と考えて、東国に向かった。のちに、日蓮が同じように東国を本拠地にしています。

島田 宗教的フロンティアとしての東国を目指したということはあったと思います。実際、親鸞の弟子の多くは武士ですね。

本郷　親鸞は東国で布教するためのコネクションを欲したでしょう。東国でコネクションと言えば、鎌倉幕府とのつながりです。しかも宿屋光則のように、信仰に傾く気持ちを持っている土地の有力者がいて、権力者に引き合わせてくれる可能性がある。それだけでもおもしろい状況ですね。

島田　親鸞が東国で学僧として評価されていたのはまちがいないでしょう。弟子を持ち、その延長線上に一切経校合があったとしても不思議ではありません。

肉食妻帯

本郷　親鸞の肉食妻帯《にくじきさいたい》について語っておきたいです。そもそも、仏教では僧侶が肉を食べ、妻を娶《めと》ることを禁じています。なぜ浄土真宗だけが許されたのかというと、開祖である親鸞がそうしたからですよね。

島田　そこが、また難しいんですよ。親鸞本人は、自分が妻帯したことについて一言も語っていないのです。ただ、恵信尼の書状があるので、彼が結婚していたことはまちがいありません。

本郷　近代以降、主に知識人たちの間で、親鸞が妻帯したことを積極的に評価する流れがあります。たとえば、夏目漱石《なつめそうせき》は「大革命」と述べました。教科書的な理解では「親鸞は自ら妻帯し、肉を食べ、民衆のなかに入って共に生きた。そうして民衆の苦難を自らのものとし教えを広めた」となります。言わばナロードニキ（人民主義者。農民を啓蒙して革命運動を組織化しようとした運動家）です。

でもこれって、人として楽なほうに楽なほうに向かっているだけですよね。だって、肉はうまいですし、がんばって童貞を守るよりも女性と結婚したい人はするほうがいいでしょう。それを、何か偉そうな理屈をつけて立派なことをしているように語られていますけど、私は高校生ぐらいから「それって何も努力せず、そのままOKにしてきただけじゃないか」と、思ってきました。やはり親鸞も若い時には、情熱の迸《ほとばし》りがあった。それが先にあって、別に高尚な思想があったわけではないのではないか。そのような気がしてならなかったわけです。

宗教者として、一般の人たちよりも厳しい境遇に身を置くならわかります。しかし楽なほうに流れていって、それを「宗教的高みに上った」と評価するのはどうなんだろう。島田さん、この点についてはどう思いますか。

島田　前述のように、親鸞は自身の妻帯について何も触れていないわけです。言い訳もしていないし、自分から高みに上がったと言っているわけでもない。ただ妻帯していたことは事実なので、後世の人たちがそれを正当化していったというのが、本当のところでしょう。社会の規範に不満を持つ人たちがいて、彼らが親鸞を持ち上げてきた。戒律の厳しいなかで親鸞はそういう規範を乗り越えてきた、と評価してきました。

本郷　明治時代のように、まだ男女の交わりに高い壁があった社会なら、そうでしょうね。そうした社会では、従来の規範を乗り越えることが評価されます。規範でがんじがらめになっているなか、たとえば性の解放を標榜して自ら実践する。それが評価されるのはわかります。当時の女性解放運動家は奔放というか、そうした〝勲章〟のひとつや二つをお持ちの方もいました。

島田　昭和になっても、そうした規範の厳しさ、息苦しさみたいなものはありました。秩序の厳しさみたいなものを重く感じる。そうした流れのなかで、性の解放運動を自ら実践したとして親鸞が高く評価されたことはわからないでもないです。ただ現代のような時代になると、その評価もまた変わってくるかもしれません。ただ、親鸞自身は、妻帯したことを、特に大きな決断とは考えていませんでした。

本郷　つまり堕落とも思わなかった？

島田　「妻帯した」ことの位置づけ自体をまったく行っていないのです。それにこの当時、僧侶の妻帯はそれほど珍しいことではありませんでしたからね。絶対にできない、というわけではない。たとえば、真言律宗《しんごんりつしゅう》の開祖・叡尊《えいそん》（思円《しえん》。一二〇一～一二九〇年）の父親は、興福寺の学僧です。

本郷　それって、本当はまずいことですよね。

島田　まずいです。しかし現実には起こっているのです。戒律を守って生きていくことは難しく、だいたい堕落して、破戒《はかい》に向かいます。特に平安時代末から鎌倉時代になる頃、それがあたりまえになる。前述の偽書『末法燈明記』にも、そうした文章が出てきます。しかし戒律はやはり復興しなくてはならない。そうした動きが鎌倉時代に盛んになり、真言律宗が誕生したわけです

本郷　真言宗プラス戒律重視の律宗で、真言律宗か。

島田　破戒の結果として生まれた叡尊は戒律を重視したわけですから、皮肉でもあり、必然でもあるのかもしれません。ただ、こうした戒律復興の動きと、戒律の枠にとらわれずに肉食妻帯を行った親鸞との距離がわかりません。なぜなら、繰り返しになりますが、親

鸞本人が何も言っていないからです。

世襲されるトップ

本郷 鎌倉仏教の開祖のなかで妻帯したのは親鸞だけですが、その子孫がずっと教団トップの座を世襲することになりますね。

島田 そうなんです。そうした特異な教団構造がつくられたわけです。浄土真宗のトップは、まず天台宗で出家得度《しゆっけとくど》して天台教学を学び、その後に法主《ほっす》となって妻帯し、後継者となる子供をもうけます。それが繰り返されるのです。戒律に関しては、江戸時代に厳しくなりました。江戸幕府が儒教の考えにもとづいて倫理道徳にこだわったからです。僧侶の妻帯についても厳罰に処するという方針を取りました。日本の仏教史のなかで、おそらく江戸時代がもっとも戒律について厳しかったのではないでしょうか。しかし、その江戸時代ですら、浄土真宗は妻帯を許されています。

江戸時代の浄土真宗は、膨大な数の信者を集めることで財力を高め、それによって朝廷を支えました。その結果、朝廷から、今では国宝に指定されている『三十六人家集《さんじゆうろくにんかしゆう》』をもらったりしていますが、浄土真宗の門主《もんしゅ》は華族になっています。明治維新後に華族制度ができますが、浄土真宗の門主は華族になっています。浄土真宗という教団自体が一種、巨大な怪物のような動きを示してきた。

本郷　組織としての教団が化け物のような生命力を持ついっぽう、その宗祖は哲人でも思想家でもないのか。

島田　大教団が成立したことによって、あとから偉大な宗祖の存在が創作されたということなのでしょうね。

親鸞は、長男の善鸞《ぜんらん》（一二一七～一二八六年。他説あり）を他力本願の教えに異義を唱えたとして義絶したことになっています。しかし、親鸞という人物の在り方からすると、自らの教えに異義を唱えたからといって義絶するようなことはあり得るのでしょうか。だって、親鸞は肉食妻帯を肯定した懐の深い人なわけですから。

本郷　善鸞は長男ですから、本来、教えの正統は善鸞が継ぐはずです。

島田　実際には、善鸞は教団と完全に関係が切れたわけではなかったようです。唯円と会ったりもしていますから。本当に義絶という事実があったのかは疑わしい。

本郷　だとすると、教団は、善鸞を切る展開を設定する必要がある……。「善鸞《ぜんらん》義絶状《ぎぜつじょう》」によれば、善鸞は恵信尼との子ではなく、別の妻との子ということになっていますが。

島田　その「善鸞義絶状」も、真実を述べているとは限りません。

本郷　どうも複雑な事情がありそうですね。私の抱いていたイメージがどんどん崩れていくなあ。

島田　もともと宗教には、根っこにそのようなところがあるのです。精神世界という、ある意味で怪しい世界を扱うものですから。次章で取り上げる一遍が良い例かもしれません。

第三章

一遍——踊念仏に、宗教の根源を見る

渦巻くエネルギー

本郷　島田さんが指摘された「宗派を外して全体を見ないと本当の仏教はわからない」は、僭越《せんえつ》ながら、私がこれまで日本史について述べてきたことに近いと感じています。

島田　どういうことですか？

本郷　地位やシステムなどの「形《かたち》」にとらわれて、その「実《じつ》」を軽視することです。たとえば、室町幕府の第一五代将軍・足利義昭《あしかがよしあき》は元亀《げんき》四（一五七三）年、織田信長によって京都から追放されました。これによって、「室町幕府は滅亡した」という見方が世間の主流です。しかし当時、義昭が就いていた将軍（征夷大将軍《せいいたいしょうぐん》）という地位に、すでに社会を動かす力はありませんでした。そもそも彼が将軍になれたのは、信長の武力を背景にしています。その意味で、室町幕府はすでに滅びていたと見るのが妥当だと、私は考えます。

ところが、将軍という地位を重く見る人からすれば、義昭がひとたび全国の大名に「信長を討て」と文書を出せば、それが信長包囲網につながる。そうした認識になるのです。そもそも、朝廷は義昭から地位を剝奪したわけではありません。『公卿補任《くぎょうぶにん》』（神武《じんむ》天皇から明治元年までの公卿の官位を記した職員録）を見ると、義昭は追放後もずっと将軍のままです。毛利輝元《もうりてるもと》の世話になって備後国の鞆《とも》にいるわけですよ。ですが、もはや「将軍のご威光」などはなく、戦国の世にコミットする力はありませんでした。つまり、武力（権力）を背景としない将軍の地位に、社会を動かす力はないわけです。

このようにリアルなパワー、実力がまず存在し、結果として名前をつけられたものが地位やシステムです。地位やシステムを重んじすぎると、現実の力が見えなくなる。要するに、歴史を動かすダイナミズムが見えてこなくなるのです。

島田　その通りだと思います。

本郷　名前ばかり見るのはある意味、簡単です。認識しやすく、わかりやすいですから。

もう一例、挙げましょう。長尾景虎《ながおかげとら》（上杉謙信《うえすぎけんしん》）は永禄《えいろく》四（一五六一）年、上杉という名跡《みょうせき》を継いで、関東管領《かんとうかんれい》になりますが、これを重視する見方があります。謙信が上杉家の後継者として関東に出向くと、武士たちが集まってくる。しかし、謙信が越後国に戻ると、武士たちはまた北条《ほうじょう》（後北条《ごほうじょう》）氏にしっぽを振る。それを、何回も何回も繰り返すのです。

だから、実際には関東管領という地位はただの飾りで、現実を動かす力はなかったわけです。謙信もそれがわかったようで、晩年（晩年と言っても彼は四九歳で亡くなりますが）にはもっぱら北陸方面に進出しました。そのほうが、利益が上がったのです。

ひどいのは、今では否定されていますが、「豊臣秀吉《とよとみひでよし》は源氏《げんじ》出身ではないから征夷大将軍になれなかった。だから関白になった」です。かつては、そのように言う人が少なくありませんでした。しかし、それは違います。秀吉は、将軍よりも関白のほうが権力を行使するのに有効だ、俗な言葉で言えば〝使える〟と考えたから、関白に就任したのです。

やはり、「名前」よりも実際に社会を動かす「力」を見ないと、本当の歴史理解に届きません。この点が、島田さんが言われた、「宗派という分類にこだわっていると、当時の仏教は理解できない」という話に似ているなと感じます。

島田　官職などを重く見るのは、明治時代に官制を再整備しましたが、その影響なのでしょうか。

本郷　どうですかね。ただ、戦国時代が終わり、江戸時代になって世の中が治《おさ》まると、儀式・儀礼の価値が上昇したのは事実です。大名も他にすることがないから、たとえば江戸城で畳一枚分、将軍の近くに座ることができるようになったら（＝官位などが上がったことを示す）、「俺の人生、成功」という社会になっていきますね。

現代でも、朝廷がくれる国司《こくし》や幕府がくれる守護《しゅご》という地位をものすごくありがたいものとして見る研究者たちがいるわけですが、私は彼らを見ると、きっと勲章が欲しいのだろうなと思ってしまいます。勲章なんてネットオークションに出してもいくらにもなりません。私は、負け惜しみもあって「別にいらないな」と感じますけど、世の中にはそれを重く見る人たちもいるわけです。

鎌倉仏教に限らず、宗教も、○○宗などと切り分けてカテゴライズしたほうが理解しやすくなります。しかし、それでは当時の社会に渦巻《うずま》いていた、混沌としたエネルギーを理解することはできません。だから宗派という枠組みを溶《と》かして、混沌を受け止める必要があるのです。特に、踊念仏《おどりねんぶつ》で知られる時宗や、その開祖・一遍を理解するには、そこが大事だと思います。

『一遍聖絵』から判明した史実

島田　一遍は鎌倉仏教の開祖のなかで唯一、比叡山で学んでいない僧侶です。もともと武士で、妻帯もしていました。

本郷　伊予国《いよのくに》（現・愛媛県）の豪族・河野《こうの》氏の出身ですね。

島田　はい。武士として暮らしていたところを一念発起して、仏門に入りました。そして法然の孫弟子聖達《しょうだつ》（生没年不詳）に学び、時宗の開祖となります。『一遍聖絵《いっぺんひじりえ》（一遍上人《いっぺんしょうにん》絵伝《えでん》）』は一遍の生涯、すなわち出生から死去までの遊行《ゆぎょう》の旅を描いた絵巻物ですが、これはいろんな意味で貴重な史料です。

私は「神社建築はいつから始まるのか」というテーマを追究しているのですが、これがなかなかわからない。たとえば伊勢《いせ》神宮（三重県伊勢市）の社殿は二〇年に一度、式年遷宮《しきねんせんぐう》を行い、建て替えることになっていますが、その制度がいつから始まったのかは不明です。室町時代の史料では、持統《じとう》天皇の時代からということになっていますが、『日本書紀』などの正史には式年遷宮のことは出てきません。神宝《じんぽう》を捧げたことは出てきますが。

本郷　怪しいですね。

島田　現存する最古の神社建築は、宇治上《うじかみ》神社（京都府宇治市）の本殿です。この本殿は覆屋《おおいや》（覆堂《ふくどう》）で覆われており、そのなかに小さな社殿が三つ連なる形式になっています。建てられたのは、おおよそ一一世紀です。

史料に見られる最古の神社建築は、平安時代末期の『信貴山縁起絵巻《しぎさんえんぎえまき》』のなかにある小祠《しょうし》の絵で、それが最初です。これより前はわかりません。ビジュアルを確認できる絵巻物は平安時代からですので、それ以前のことは確かめようがないのです。

『一遍聖絵』は、一遍の旅に同行した弟子・聖戒《しょうかい》（一二六一〜一三二三年）が言葉を書き、円伊《えんい》（生没年不詳）が絵を描いています。円伊は『一遍聖絵』を描く際、あらためて行程を辿って描き直していますから、かなり正確なものと考えられます。

そのなかに、石清水《いわしみず》八幡宮（京都府八幡《やわた》市）や厳島《いつくしま》神社（広島県廿日市《はつかいち》市）が出てくるのですが、共に現在に近い姿で描かれています。『一遍聖絵』が完成したのは一遍が亡くなってから一〇年後、正安《しょうあん》元（一二九九）年です。つまり一三世紀終わりぐらいの時点で、すでにこうした形になっていたことがわかります。

ということは、平安時代の終わりから鎌倉時代にかけて、神社はようやく社殿が建てられるようになったと推察できます。このような貴重な史料を残してくれただけでも、一遍は私にとってありがたい人です。

ちなみに、現存する最古の寺院建築は、世界最古の木造建築でもある法隆寺《ほうりゅうじ》（奈良県生《い》駒《こま》郡斑鳩《いかるが》町）です。推古《すいこ》天皇一五（六〇七）年に創建されましたが、のちに焼失。七世紀後半に再建されました。これと比べると、いかに神社建築が遅かったかがわかります。

イベントとしての踊念仏

島田　一遍の教えで、よく知られているのが踊念仏です。具体的には、「南無阿弥陀仏」と念仏を唱えながら、鉦《かね》と太鼓《たいこ》などに合わせて踊ることです。ひとりではなく、集団で踊ります。

『一遍聖絵』では、途中から念仏踊りが始まっており、恍惚《こうこつ》とした表情を浮かべて人々が踊っているところに、多くの見物人が集まってくる様子が描かれています。厳島神社の場面では、中央で舞楽《ぶがく》のようなものをしているところを、左側の屋根の下にいる一遍が見物しています。ということは、彼は歓迎されていたわけで、一遍は踊念仏によってかなり人気者になっていた。京都では、身分の高い人も低い人もたくさん集まってくるような状況で、熱狂的に歓迎されました。その評判や噂はおそらく全国に広がったのでしょう。

本郷　踊りの持つある種の熱狂性や一体感は、現在も変わっていません。宗教がそれを取り入れない手はないですね。

島田　フランスの社会学者エミール・デュルケームは、宗教の起源を熱狂、集団的な沸騰状態に求めました。そうした状態が現れることによって、人々を結束させる宗教が形成される、と述べています。

本郷　本郷恵子《ほんごうけいこ》さん（東京大学史料編纂所所長）は、宗教をイベントとしてとらえています。さまざまな場所をツアーして、人を集めて、歌い踊り、みんなで一体感を得る。まさに現代のイベントですね。当時の寺のなかには即身仏《そくしんぶつ》（即身成仏した行者《ぎょうじゃ》。ミイラ化した遺体）の開示など、見世物のようなことを行うところもありました。

仏法《ぶっぽう》を説く時も、美声の持ち主が朗々と語って聞かせるほうが人は集まるでしょう。いわゆる、安居院流《あぐいりゅう》などの唱導《しょうどう》です。それは、現代で言えば、コンサートのような側面を持っていたのではないでしょうか。そうしたイベントが、鎌倉時代になると広く行われるようになりました。

島田　清少納言《せいしょうなごん》は『枕草子《まくらのそうし》』のなかで、僧侶はイケメンで美声なほうがいいと言っています。また、法会《ほうえ》など儀式の魅力もありますね。

本郷　私を含めて多くの人たちは、仏教の哲学的・思想的な面に惹《ひ》かれて理解しようとします。しかし、実際の信仰の現場の人からすると、「何言ってんの」という感じになるかもしれません。宗教の根っこには一体感や恍惚感、それがもたらす熱狂があるのだと思います。

島田　ただ、法然や親鸞には、歌ったり踊ったりはありません。

本郷　はい。奈良時代・平安時代には、仏教を受容していた層は朝廷や貴族が中心でした。それが鎌倉時代に入ると、民衆という新たなスポンサーが現れます。法然や親鸞はそのスポンサーに向けて働きかけを行い、一遍の時代になると、踊念仏のようなムーブメントが広がっていったのでしょう。平安時代の終わりから鎌倉時代にかけて寺社建築が発展するのも、そうした流れと軌《き》を一《いつ》にしていて、神や仏に対しての信仰が世に広がり、それが目に見える形となって現れてきたものが建物だったのかもしれません。

島田　なるほど、そう見ることもできますね。

仏に接近する神々

本郷　私は寺院建築が好きで、よく見に行きます。いっぽう、神社はそれほどでもない。ご指摘のように、伊勢神宮は式年遷宮をするため、古い建物がありません。そのため伊勢神宮に限らず、古い建物としての神社を見に行く発想があまりなかったのです。でも今回、島田さんのおかげで興味が湧《わ》いてきました。

岩清水八幡宮の場合は、八幡様（八幡神《はちまんしん》）を祀る神社であると同時に、神仏混合のいわゆる八幡宮寺になりますね。

島田　そうです。『一遍聖絵』に描かれた石清水八幡宮は、仏塔《ぶっとう》である多宝塔《たほうとう》が建っています。ただ、石清水八幡宮はそもそも特殊です。神社は、山の神を祀るために山上に置かれることもありますが、基本は平地に鎮座します。しかし、石清水八幡宮は男山《おとこやま》の山上にある。比叡山（延暦寺）や高野山（金剛峯寺《こんごうぶじ》〔和歌山県伊都《いと》郡高野《こうや》町〕）のように、山の上にある宗教拠点は寺院なのです。

実際、石清水八幡宮も僧房《そうぼう》がたくさん建てられていました。吉田兼好《よしだけんこう》（兼好法師《けんこうほうし》）の『徒然草《つれづれぐさ》』には、仁和寺《にんなじ》（京都市）の僧侶が訪れた際、山の下で満足して帰ってしまったというエピソードが記されています。「神社は山の上にあるものではない」との意識があったために、そのように判断してしまったわけです。おそらく、石清水八幡宮は神社より寺院の性格が強かったのでしょう。だから山の上に建てられたのだと思います。

源頼朝は鶴岡《つるがおか》八幡宮（神奈川県鎌倉市）を建てました。正確に言えば、石清水八幡宮を勧請《かんじょう》（神仏の分霊《ぶんれい》を迎えること）しました。この場合は、寺院の性格を持った神社であることより、八幡神を祀ることのほうが重要なのでしょうか。

ら。

本郷　そうだと思います。八幡神を迎え、そこを中心にして鎌倉の町がつくられましたか

島田　八幡神は『古事記《こじき》』『日本書紀』に出てこない、つまり神話にもとづかない特異な神で突然、歴史に登場します。九州で始まり（宇佐《うさ》神宮〈大分県宇佐市〉）、奈良に呼ばれて（手《た》向山《むけやま》八幡宮〈奈良市〉）、京都に来て（石清水八幡宮）、鎌倉に行く（鶴岡八幡宮）。そうするうちに、武家の神として大きな力を持つようになっていきました。

本郷　八幡神はもともと、宇佐地方の農業神・やわたの大神《おおかみ》でした。ヤマト王権による隼人《はやと》征伐の際、前線基地が宇佐につくられ、そこの土地の神が取り込まれたのです。

宇佐神宮は、非常に政治的な立ち回りが見事です。たとえば聖武《しょうむ》天皇が大仏鋳造《ちゅうぞう》の号令をかけると、宇佐神宮は、いの一番に「協力します」と応じています。

島田　大仏が完成すると、宇佐神宮の巫女《みこ》は東大寺に来て、聖武上皇、光明《こうみょう》皇太后、孝謙《こうけん》天皇と一緒に大仏を礼拝しました。その結果、奈良に拠点ができる。最初は鎮守八幡《ちんじゆはちまん》、すなわち東大寺の鎮守神《ちんじゆがみ》です。のちに手向山八幡宮となりました。

本郷　神護景雲《じんごけいうん》三（七六九）年、道鏡を天皇にすれば天下太平になるという宇佐八幡神の神託《しんたく》が称徳《しょうとく》天皇に奏上されますが、和気清麻呂《わけのきよまろ》は逆の神託を得て阻止します（宇佐八幡神

託事件）。宇佐神宮は神託を二度、しかも真逆の内容で出していますね。
平安京ができると、裏鬼門《うらきもん》（南西の方角。鬼門と同様に忌まれた）を守護するとして、石清水八幡宮が創建されます。やはり、政治的に動いているように見えます。

島田　政治的な戦略を立てるような人はいたのでしょうか。

本郷　神社は世襲ですから、そのようなブレーンを抱えていたのかもしれませんし、偶然のめぐりあわせの可能性もあります。

民衆の欲望に応えたムーブメント

本郷　先ほど、「哲学的・思想的な面だけで仏教を見ても、実相に迫ることはできない」など述べた舌の根が乾《かわ》かないうちに恐縮ですが、一遍の教義には、他と大きく異なるものはあったのでしょうか。

島田　その教えに特別なものはないと思います。

本郷　ないのですね。法然の弟子筋ですから浄土宗の流れを汲《く》むわけですが、だとすると、パフォーマンス的なもので語ったほうがいいわけですね。

島田　もともと踊ることを始めようとしたわけではなく、途中から、何かきっかけがあって踊るようになったようです。ただ、そのきっかけはよくわかりません。いずれにせよ、かなりの集団を形成するようになり、のちに時宗教団となります。

本郷　一遍は、「南無阿弥陀仏決定往生六十万人《なむあみだぶつけつていおうじようろくじゆうまんにん》」と刷られた念仏札を配りました。この札を配ることを賦算《ふさん》と言います。「六十万人」については、時宗総本山・遊行寺《ゆぎようじ》（神奈川県藤沢市《ふじさわ》）のホームページでは、一遍は「60万人の人々にお札を配ることを願われ、また次の60万人の人たちに、ついには総ての人々（一切衆生）に配ることを、念願」したとなっています。私は昔から、なぜ数値目標を掲《かか》げるのだろうと疑問に感じていました。

島田　おそらく踊念仏とは、本郷恵子さんが指摘されるようにイベント。つまり当時の興行であり、それによってかなりのお金が集まってくる面はあったと思います。

本郷　時宗の僧侶は死体を取り扱い、埋葬する役割も担っていました。街中《まちなか》に遺体が転がっていたら、誰だって何とかしたい。だからといって、機械的に処理するわけにもいかない。きちんと埋葬して成仏させてほしい。時宗の僧侶がその任にあたったわけです。そう考えると、時宗は、上から「こんな教えがあるから信じなさい」というスタンスではなく、民衆の需要や欲望に沿って出てきたムーブメントのように感じます。

島田　その通りだと思います。当時の日本に、まだ仏教式の葬式はありませんでしたから。
本郷　民衆の間で、鎌倉仏教を中心として宗教ムーブメントが盛り上がるなか、旧来の奈良仏教や平安仏教はあまり目立ちませんね。
島田　いや、そんなことはないですよ。むしろ、積極的に活動していました。その話をしてもいいでしょうか。
本郷　ぜひお願いします。

第四章

奈良・平安仏教 vs. 鎌倉仏教

奈良国立博物館の試み

島田　鎌倉時代の仏教と言うと、ともすれば新興勢力である鎌倉仏教ばかりがクローズアップされますが、旧来の奈良仏教（南都六宗）や平安仏教（天台宗、真言宗）も活動していました。本章ではそれらの活動を見ることで、当時の仏教界と社会の動きを明らかにしたいと思います。

　ところで奈良国立博物館（奈良博）は、他の博物館では見られない、仏教関係のユニークな展覧会を催《もよお》してきました。たとえば、二〇一二年の特別展「解脱上人貞慶—鎌倉仏教の本流」の他、真言律宗の開祖・叡尊や、その弟子の忍性《にんしよう》（一二一七〜一三〇三年）などについての展覧会を企画・展示しています。奈良の仏教界も、奈良博に協力していると思います。　両者の関係は古く、かつ深いですから。

本郷　明治維新後の廃仏毀釈《はいぶつきしやく》（神仏分離令《しんぶつぶんりれい》を機に起こった仏教排斥運動）によって、奈良の寺院が荒廃していた時期、主な仏像は奈良博に収蔵されていました。

島田　和辻哲郎《わつじてつろう》の『古寺巡礼』（岩波文庫）に出てくる、法隆寺の百済観音《くだらかんのん》、興福寺の阿修羅《あしゆら》、聖林寺《しようりんじ》（奈良県桜井市《さくらいし》）の十一面観音《じゆういちめんかんのん》など有名なものは、奈良博の推古天平室に収蔵されていました。

本郷　奈良の寺院は戦後、団体旅行と修学旅行が盛んになって、息を吹き返しましたね。それまでは苦しかった。

島田　おそらく、奈良博は南都六宗の僧侶を取り上げることによって、奈良仏教の伝統をアピールしようとしているのでしょう。確かに、貞慶、明恵、叡尊、忍性など〝鎌倉仏教の開祖とされない〟僧侶たちは、「奈良仏教にも革新の動きがありました」程度の扱いになりがちです。

本郷　そうですね。鎌倉仏教に対して「旧仏教」と言われてしまいますしね。本章では、わかりやすくするために、時に旧仏教、新仏教という言葉を使用しますけど。

島田　しかし私は、むしろ当時の仏教界において、彼らこそが本流だったと考えています。

本郷　北条泰時が承久の乱後に京都にいた時、「政治を行うには律令《りつりょう》のような法に依拠しなければならない」と目覚めたのは、華厳宗の明恵との対話を通じてという説があります。また、明恵の父親は平重国《たいらのしげくに》、母親は武家の湯浅《ゆあさ》氏ですし、貞慶の祖父は平治《へいじ》の乱で自殺に追い込まれた藤原通憲《ふじわらのみちのり》（信西《しんぜい》）です。彼らは武士出身であったり、時の政権や政治とのかかわりが見られるわけで、本流と言えますね。

中世の仏教については、「主役は、鮮烈な鎌倉新仏教だ」との見方があります。それに対して、黒田俊雄さんと平雅行《たいらまさゆき》さん（大阪大学名誉教授）が主張している顕密体制論、すなわち顕教（天台宗）と密教（真言宗）の平安仏教が主役とする見方もあります。さらに、奈良博がどこまで強く主張したいのかはわかりませんが、「いやいや、本流は奈良仏教（南都六宗）だ」との見方もあるわけですね。なかなかおもしろいなあ。

社会事業を行った僧侶たち

島田　重源《ちょうげん》（一一二一～一二〇六年）は治承《じしょう》五（一一八一）年、東大寺大勧進職《とうだいじだいかんじんしき》に任命されて、源平の争乱で焼失した東大寺の復興という大事業に取り組みました。そのため、彼は寄付を募る勧進僧《かんじんそう》として諸国を回っています。

本郷　社会事業家としての重源の才覚・手腕はすごいものがあったと思います。重源の仏教思想には、特別なものが見られますか。

島田　重源の場合、それはあまりクローズアップされませんね。

本郷　ということは、当時の仏教は思想にとどまらず、社会事業でもあったという考え方でいいのでしょうか。

島田　はい。東大寺の復興には源頼朝が檀越《だんおつ》、つまりスポンサーとして支援しています。それだけ、政治の領域にかかわる大事業であったことはまちがいなく、このような公《おおやけ》の仕事を担当する時に有効なのが、中国に渡った経歴です。重源は三度も中国（南宋《なんそう》）に渡っており、その個人的なネットワークをもとに、僧侶たちが持つ建築知識を利用することで東大寺を復興したのです（後述）。

重源から東大寺大勧進職を受け継ぎ、のちに臨済宗の開祖となった栄西も、中国（同）に二度渡っています。つまり、鎌倉時代の僧侶には「中国に渡った人」と「渡ってない人」がいて、前者が本流として大事業に参画したのです。

本郷　なるほど！　これまでそのような見方はしたことがなかったなあ。確かに、鎌倉仏教（新仏教）の開祖たちは禅宗を除いて中国に渡っていないですね。実際に行動を起こして事業を行い、社会にダイレクトに影響を与えているのは、渡海歴のある旧仏教の僧侶たちであり、その流れのなかで窮民やハンセン病患者の救済に力を尽くした忍性なども出てくるわけか。

島田　そうです。確かに、法然は社会的に大きな影響力を持っていました。たとえば九条兼実に授戒、おそらく実質的には祈禱だったと思われますが、そのようなことを行い、あるいは専修念仏の教えを北条政子に説いたように、政治的な影響力も有していたと思います。しかし、では、具体的に社会に対して何をしたかというと、寺を建てたわけでもなく、窮民の救済に力を尽くしたわけでもありません。親鸞も同様です。

彼らと比べると、重源や貞慶のほうが、より社会に対してダイナミックに働きかけていたと言えるのではないでしょうか。ちなみに、重源は仏師《ぶっし》の運慶《うんけい》や快慶《かいけい》との関係も知られています。仏教美術にもかかわっているのです。

戒律の復興

島田 当時の仏教では、社会事業だけでなく、「戒律の復興」も大きな課題でした。日本の仏教史のなかで戒律の復興ということが、ひとつの軸になっていることはまちがいありません。その軸に沿う形で、鎌倉時代に真言律宗が形成されていくことになります。真言律宗の開祖・叡尊の父親は、前述のように興福寺の無名の学僧でした。つまり、彼は破戒の結果として生まれながら、戒律復興を掲げました。その生い立ちは貧しかったようです。

こうしたことはキリスト教世界にもありました。キリスト教、特にカトリックでは、聖職者は妻帯してはいけないことになっています。しかし、現実は、けっこう妻帯していました。また、聖職者の地位が売買されたりもしています。誰が司教になるのかという人事もバチカン（教皇庁）ではなく、世俗の皇帝や王など支配者の側が握り、それが叙任権闘《じょにんけんとう》争《そう》という形で争いにも発展しました。何しろ世俗の側は教会のスポンサーだったからです。

ただし、キリスト教にも、叡尊と同じように「戒律を守らないといけない」と考える人たちもいて、激しい争いが起こるのです。しかし結局、妻帯する聖職者は減らず、そうした状況が長く続きました。

本郷　しかし教科書では、法然や親鸞などの鎌倉仏教がメインに扱われており、それだと、叡尊や忍性は〝おまけ〟のように感じてしまいます。「思想は古いけど、優秀な人がいた」というように。

島田　やはり、基本的にみんな、戒律が嫌いなんですよ。戒なんて煩瑣《はんさ》でめんどうくさい、そんなものはいらないよ、という感覚です。それに、「理屈はもういい。細かいルールもいらない」という、浄土真宗的な宗教理解の影響も大きいと思います。要は、在家仏教的な感覚です。

本郷　明治時代、社会にさまざまな規則が定められていて、多くの人が息苦しく感じていた。そして、規則を破ることで自由を勝ち取りたいという動きのなかで、規則を乗り越えようとする意識が浄土真宗に投影されてきた部分はあったと思います。その結果、実像はよくわからないし、もしかすると特別、目新しい教えを説いているわけでもなさそうな親鸞が持ち上げられてきたということはあるかもしれません。そのぶん、戒律にうるさい奈良仏教の地位が相対的に低下してしまった。

神道を呑み込む仏教

島田　中世は、神仏習合が大いに進んだ時代でもありました。鎌倉時代になると、仏教によって神を解脱させるという考え方が非常に強くなり、八幡神が僧の姿になって座る僧形《そうぎょう》八幡神像《はちまんしんぞう》などがつくられるようになります。快慶のものが有名ですね。こちらの流れにも、奈良仏教は深くかかわっています。

たとえば、重源はある時、天照大神《あまてらすおおみかみ》の夢を見ます。夢のなかで、この女神様は「私は最近疲れていて調子が悪い、何とかしてほしい」と告げたのです。それによって、伊勢神宮に東大寺の僧侶たちが集団で参詣《さんけい》し、大般若経《だいはんにゃきょう》の転読をしました。

本郷　夢のお告げですね。当時は夢も現実と同じように重く見られていました。

島田　伊勢神宮は皇室の祖先を祀るものですから、最初は僧侶がかかわることはできませんでした。それが鎌倉時代になると、僧侶が集団で参詣に行くようになりました。天照大神は太陽神ですから、大日如来《だいにちにょらい》と習合します。そうした要素があったゆえに、仏教側も伊勢神宮に対して大きな関心を持つようになったのです。貞慶も伊勢神宮に参詣しています。

伊勢神宮とのかかわりが顕著なのが、叡尊です。叡尊は一時、荒れ果てていた西大寺《さいだいじ》（奈良市）を復興し、それが真言律宗の総本山となるわけですが、その西大寺に伝わるのが、重要文化財の鏡「大神宮御正体《だいじんぐうみしょうたい》」です。ご覧になったことはありますか？

本郷　私はないです。

島田　これは、伊勢神宮の内宮《ないくう》と外宮《げくう》の正体は曼荼羅《まんだら》（仏の悟りの境地である宇宙の真理を、仏や菩薩などを配列して図示したもの）であることを表現したもので、内宮と外宮を両界《りょうかい》（金剛界《こんごうかい》と胎蔵界《たいぞうかい》）曼荼羅にたとえているのです。このあたりは真言律宗の真言宗的要素、つまり密教的な要素です。伊勢神宮の内宮と外宮をそのように描くことはずっと行われていくのですが、その濫觴《らんしょう》（始まり）に叡尊が深くかかわっていたと言えます。

本郷　そこらへんが、根本的に考え直さなければならないところですね。宗教思想を見る原則のひとつに、「純粋な教えであればあるほど良いものだ」という価値観があります。たとえば、神《かみ》（神道《しんとう》）と仏《ほとけ》（仏教）を混《ま》ぜるとか、天台宗と真言宗を一緒にするとか、そうした動きは胡散臭《うさんくさ》いと考える。しかし、そうではない。信仰の世界は混じり合うことに親和性がある。ですから神仏混淆《しんぶつこんこう》や、奈良仏教と密教の融合はむしろ本道ですね。

北条時宗凡庸説

島田　法然や親鸞と鎌倉幕府とのかかわりはすでに述べた通りですが、叡尊も鎌倉幕府に招かれています。その経緯については、弟子・性海《しょうかい》（生没年不詳）が綴った『関東往還記《かんとうおうかんき》』によれば——当時、仏法は世に広まり、僧侶は国に満ちていた。しかし、いたずらに言い争い、名利《みょうり》に走るのみで解脱の道を忘れている。正しい仏法を行っている叡尊にぜひ鎌倉に来てほしいと、前《さき》の執権の北条時頼に招かれた——とされています。

叡尊は当時、六二歳。『関東往還記』によれば、「衆生のため利益あるならば、たとえ地獄の炎に焼かれようとも」と決意して、老身を顧《かえり》みず鎌倉に下向《げこう》しています。

鎌倉滞在中の叡尊には、北条氏一門だけではなく、叡尊に宿坊《しゅくぼう》を提供した中原師員《なかはらのもろかず》の未亡人、北条政村《まさむら》の妻など、鎌倉幕府に関係する女性が多く帰依し、戒を授けられています。しかし、北条時頼の嫡男でのちに第八代執権となる時宗《ときむね》には、時頼が受戒させなかったようです。その理由はよくわからない、と『関東往還記』には書かれています。

本郷　それについては、私にひとつの仮説があります。

島田　はい、承《うけたまわ》りましょう。

本郷　それは、時宗がアホだったからです。アホが言いすぎなら、凡庸だった。時頼は、中国（南宋）から来た禅僧・兀庵普寧《ごったんふねい》（一一九七～一二七六年）に師事しました。しかし時頼が亡くなると、普寧は「自分が教導すべき人はもういない」として、中国に帰ってしまいます。このような場合、「残された跡継ぎの時宗少年を教え導くことが使命である」となるのが普通だと思うのですが、帰ってしまった。ということは、時宗少年は、将来を期待できない程度の資質だったのではないでしょうか。

北条時宗と言えば、元寇《げんこう》（蒙古襲来）時のリーダーとして、戦前は英雄として扱われ、今でも高く評価されることが多いです。しかし、モンゴルの使者の首を斬るなど、無為に蒙古襲来を招いたと見ることもできます。つまり彼は英雄ではなく、アホだったのではないでしょうか。これは私くらいしか言っていませんが……。
島田　時宗が無能だったというエビデンスは、他にあるのでしょうか。
本郷　ないです。北条氏の執権は、時頼までは政治家として優秀であることはまちがいありません。しかし時宗の場合、元寇において優れた政治判断をしたわけではありません。案外、普通の人だった。少なくとも凡人だったと私は考えています。

最先端技術としての仏教

本郷　室町時代はじめ、室町幕府に禅律方《ぜんりつかた》という職制がありました。これは、その名の通り、禅宗（臨済宗、曹洞宗）と律宗（真言律宗を含む）を担当・管理しました。よく知られているように、室町幕府における禅宗は異様に格が高かった。それと並べられるということは、律宗や真言律宗もまた格が高かったということになります。
真言律宗の開祖である叡尊は、律宗も指導下に置きたかったのか、置こうとしたのか。これは私にはわかりませんが、律宗の人たちが動いたところには巨大な五輪塔《ごりんとう》などが建っています。

私が実際に見たのは、石清水八幡宮の五輪塔（航海記念塔）と宇治川《うじがわ》の十三重石塔《じゅうさんじゅうせきとう》です。私は見ていませんが、箱根には露岩に彫られた複数の磨崖仏《まがいぶつ》や、三つの五輪塔が並んだ曽我兄弟《そがきょうだい》と虎御前《とらごぜん》の墓などの石仏群があります。これらは叡尊の弟子・忍性が連れてきた律宗の職人集団がかかわっていると言われますが、どうも律宗には石を造作する石工集団がいたようです。彼らの技術が最終的に結実したのが、極楽寺《ごくらくじ》（神奈川県鎌倉市）の忍性塔《にんしょうとう》です。忍性の墓ですね。

島田　石工集団と言うと、フリーメーソンみたいですね。

本郷　律宗は宗教関係だけではなく、土木工事を行って道路をつくったり、補修したりするような技術を持ち、それで人々の暮らしを助けるところがありました。どうも東大寺を再建した重源以来、仏教には土木に通じた集団がいて、律宗とも関係が深いようです。もしかすると、すべて重なるのかもしれません。

島田　僧侶って、そもそも土建屋じゃないですか。空海もそうですね。当時、中国に渡る理由は最新技術の取得にありました。中国組は重源から栄西まで皆、土建屋です。だからこそ勧進僧になるわけです。ちなみに、重源と栄西は中国で出会っています。

本郷　そうですね。ただ、仏教の教えと建築技術はどう結びつくのでしょうか。

島田　それらは別々ではなく一体なんです。たとえば、密教の作法も技術です。つまり、雨を降らせる祈禱の作法も、石で塔を築く技術も、当時の人にすれば等しく「技術」だったのです。当時の人の感覚では、最先端の仏教思想も最先端の土木技術も区別はなかったのではないでしょうか。中国に「学ぶべきもの」として受け止めていたと思います。

本郷　なるほど！　神仏習合もそうですが、思想と技術も融合したものなんですね。私たち現代人は、「これは思想、これは行政技術、これはテクノロジー」と分類してしまいますが、当時それらは一体なんですね。もうすこしあとの時代になりますが、湯浅氏が中国に禅を学びに行き、帰ってきて味噌や醬油をつくるようになりました。

島田　当時、中国はあらゆる面で進んでいたわけで、それを学ぶために皆、大陸に渡りました。むしろ渡らないとだめで、前述のように、公の仕事をするには中国に留学した経歴が大きく作用したわけです。また、技術や知識だけでなく、コネクションづくりとしても渡航歴は重要です。中国の人たちや渡来人と人脈をつくることが、仕事をするうえで役に立ったのです。そもそも、中国語ができることは大きかったでしょう。最新技術が書かれた書物を読んだり、翻訳したりすることが可能になるのですから。

本郷　明治時代はじめ、青年たちが「がんばって学んでこい」と欧米に送り出され、帰ってきて政府の仕事をするのと似ていますね。仏教思想と言うと、思想だけで独立しているようなイメージがありますが、けっしてそうではないわけですね。

島田 仏法を広めるには、寺を建てる必要がありますし、石塔などもつくらないといけません。インフラを整備して、人々の暮らしを助けることも重要です。要するに、何でもやらないといけないわけですよ。そうした技術について教えを乞《こ》おうとすれば、やはり中国しかない。当然ですが、建築様式もすべて中国から来ていますね。

本郷 そうして、さまざまな技術を使って結果を出すことが、武士の長《ちょう》である鎌倉幕府の重役に認められることにつながります。朝廷も同様です。ありがたく高邁《こうまい》な思想を説くよりも、目に見える形ですごいもの・美しいもの・有用なものを現出させるほうが、手っ取り早く評価に結びつきますね。

島田 だから、戦国時代に新義真言宗《しんぎしんごんしゅう》の根来寺《ねごろじ》（和歌山県岩出《いわで》市）で鉄砲をつくっていたりするわけです。刀鍛冶《かたなかじ》など、刀剣の技術も同様です。新技術がなかったら、寺社勢力はあそこまで勢力を伸ばせなかったでしょう。

本郷 根来寺が鉄砲をつくるのを不思議に感じていたのですが、ようやくわかりました。考えてみれば、戦国大名も、キリスト教の教えよりも鉄砲などの技術や貿易の利《り》が欲しくて、キリスト教に近づいた者もいましたね。

法力がなければ、認めてもらえない!?

島田　技術もそうですが、僧侶にとって大事なのは、やはり祈禱です。朝廷では、たとえば雨が降らない時には、勅使《ちょくし》を送って各神社で祈禱をさせました。仏教も同様で、僧侶に期待されていたのは祈禱の力です。前述のように、法然は九条兼実に、叡尊は鎌倉幕府の要人たちに授戒を行いましたが、祈禱的なことを期待されたのです。むしろ「そうした使命を果たせる人でないと高僧ではない」というのが、中世人の感覚でしょう。

本郷　私は、職場（東京大学史料編纂所）で『大日本史料』第五編の編纂に携わっているのですが、今、一二五〇年あたりを担当しています。そこに出てくるのが、僧侶の金剛王院《こんごうおういん》実賢《じつげん》（一一七六〜一二四九年）です。彼の父親は、藤原基輔《もとすけ》という中級官吏です。まあ、貴族の端《はし》くれではありますが、大した家柄ではありません。しかし、源頼朝に最初から従い、「十三人の合議制」のひとりである安達盛長《あだちもりなが》の息子・景盛《かげもり》を弟子にすると、彼の政治力をバックに伸《の》し上がっていくのです。

実賢のライバル的存在が、中世史家の網野善彦さん（元・神奈川大学特任教授）が大好きな行遍《ぎょうへん》（生没年不詳）です。彼を支援したのが、摂政・関白を歴任し、第四代将軍・藤原頼経の父親である九条道家《みちいえ》です。道家の後援で、行遍は朝廷で認められた。行遍は歌人としても有名ですね。

実賢と行遍の二人は、雨を降らせるなど法力で認められたと言われています。

島田　日蓮と忍性も「祈禱で雨を降らせるのはどちらか」という法力対決をしたのだということを、日蓮が書いています。勝ったのは日蓮ということになっています。当時の僧侶の価値基準は「法力のある人が偉い」です。

本郷　ロシア帝国末期のラスプーチンもそうですが、法力があるから、あるいはあると思われるから、抜きん出ることができたわけですね。

島田　そうでないと、宗教家として認められないわけです。キリスト教のカトリックでも、聖人《せいじん》として認められる条件は奇跡《きせき》（神の関与によるもので神意《しんい》の啓示のしるし）です。

本郷　中国に渡り、学識も豊かで、その知識・人脈を駆使して社会貢献活動を行う。さらには法力を持つ。これが、鎌倉時代の奈良仏教・平安仏教の僧侶、特に高僧の姿ですね。いや、よくわかりました。

第五章

栄西、道元——禅宗から読み解く「悟り」の本質

宗教に対する誤った認識

島田　本章では鎌倉時代に興り、室町時代に隆盛した禅宗について見ていきます。ここまで述べてきたように、宗教は社会事業やイベントなど、多面的で複雑な様相を持っています。しかし一般的に、宗教から思想面だけを切り離したり、その思想も純粋なものほど良いと見たりする傾向があります。

このことは、禅宗における臨済宗の開祖・栄西と曹洞宗の開祖・道元の評価にも大きくかかわっています。すなわち、栄西は禅と天台教学、それに密教の教えを併《あわ》せて学ぶ兼修《けんしゅう》禅《ぜん》であり、道元は天台宗・真言宗とは離れて学ぶ純粋禅《じゅんすいぜん》である。そして、純粋禅のほうが兼修禅よりも格が高い。そうした評価が学界では強いようです。

本郷　私も、兼修禅を下に見ていました。道元こそ本物と考えていました。

島田　天台宗はもともと、さまざまな教えを持っていました。法華経信仰もあり、密教もあり、禅もあり、山岳修行もあり、戒律もある、というように、それらの要素を包含したトータルなものが仏教であるという考え方です。栄西の兼修禅も、そうした仏教理解から来ていると思います。

本郷　比叡山（天台宗）はそれでいいと思うんですよ。天台宗は言わば、思想のデパートであり、すべての日本仏教は比叡山に通じるようなところがありますから。しかし禅宗はその教えに特化してほしい、そうでないと室町幕府の庇護を受けていた五山派《ござんは》（幕府が定めた寺格《じかく》である五山《ござん》・十刹《じっさつ》・諸山《しょざん》に組み込まれた禅宗寺院）僧侶の腐敗を批判した一休《いっきゅう》さん（一休宗純《そうじゅん》。一三九四～一四八一年）に怒られるのではないか、と感じていました。

島田　しかし、曹洞宗が勢力を広げていったのは道元による教えよりも、今日の仏教式葬儀のやり方を開拓したり、密教の儀礼を取り入れたりしたことのほうが大きかったのです。

本郷　そうなんですね。でも、それらは道元の段階ではまだしておらず、四代目の瑩山紹《けいざんじょう》瑾《きん》（一二六八～一三二五年。他説あり）のあたりからではないですか。

島田　はい。道元の段階では行われていません。加持祈禱を取り入れた瑩山紹瑾の影響が大きいです。道元は雲水《うんすい》（修行僧）を集めて修行をさせました。彼の時代はそれで何とかなったでしょうが、彼らが修行するための経済的バックアップはどうするかという課題がどうしても出てきます。やがて、曹洞宗では道元と並び称される紹瑾などが、密教を取り入れて祈禱もするようになりました。そうしたなか、曹洞宗が〝発明〟したのが、葬式です。

葬式の発明

本郷　それまで、仏教における葬式の様式は定まっていなかったのですか。

島田　仏門に入っていない人、すなわち俗人の葬儀方法は定まっていませんでした。そこで、曹洞宗では雲水の葬儀をもとに、俗人の葬儀をつくりました。雲水は修行の身であり、僧侶になる前の段階、つまり俗人と同じである、ととらえたんですね。その雲水の葬儀を原型にして、故人を剃髪《ていはつ》し、戒を授け、仏弟子《ぶつでし》（釈迦の弟子）に連なる証《あかし》として戒名を与えるという、流れをつくったのです。これが、日本の葬式仏教の原型です。

本郷　なるほど。たとえば室町幕府の第四代将軍・足利義持《よしもち》の葬儀は式次第が細かく残されています。それを見ると、今の形式と基本的に変わりません。足利将軍家は禅宗ですから、いわゆる「葬式仏教」は禅宗から来ていることはわかっていましたが、それは臨済宗ではなく、曹洞宗がつくったわけですね。

島田　これは一大発明でした。この葬儀方法は曹洞宗から臨済宗に伝わり、天台宗に伝わり、真言宗に伝わり、浄土宗にまで波及しました。ただし、浄土真宗と日蓮宗には戒という考え方がありませんから、形式が違います。戒名もなく、浄土真宗は法名《ほうみよう》、日蓮宗は法《ほう》号です。

曹洞宗が行った初期の葬式記録が保存されているのですが、オーケストラの編成のように多くの僧侶が参加しています。豪華なもので、大変だったでしょうね。他宗はそれに比べると簡略化されています。こうして日本の葬儀は完成し、それを拡大することで曹洞宗も広まっていきました。

本郷 自分の親を豪華に送りたい気持ちは、多くの人にあります。そこに目をつけた、と言うと言いすぎかなあ。葬儀は当時、村落の上位層である名主などが行うものだったのでしょうか。

島田 よほどお布施《ふせ》を出さないとできませんから、一般庶民には無理ですね。

本郷 道元は越前国《えちぜん》（現・福井県東部）志比荘《しひのしょう》の地頭《じとう》・波多野義重《はたのよししげ》に招かれて、寛元《かんげん》二（一二四四）年に大仏寺《だいぶつじ》を開き、二年後に永平寺《えいへいじ》（福井県吉田《よしだ》郡永平寺町）と改称しました。そこから日本海を伝い、曹洞宗は広がっていきます。そのため、現在でも東北地方には曹洞宗が多いです。

島田 東北地方の曹洞宗は、葬式仏教の典型みたいなところがあります。

本郷 波多野氏については、のちほど詳しく触れたいと思います。

なぜ栄西はインドを目指したのか

島田　臨済宗の建長寺派《けんちょうじは》は近年、栄西は「ヨウサイ」と読むと主張しています。ある文献で一カ所だけ「ヨウサイ」というふりがながあったのです。しかし、これまでずっと「エイサイ」と読んできたので、今さらそんなこと言われても困るという感じですが……。

栄西の経歴で興味深いのは中国に二度も渡っていること、しかも本来の目的は中国ではなくてインドに行くことだったんです。栄西は正しい仏教の姿を知りたいとして、インドに行こうとしますが、それは中国で許されなかった。結果として、中国から禅を持ち帰りました。

本郷　単なるエリートではないのですね。

島田　彼が禅について書いた『興禅護国論《こうぜんごこくろん》』のなかに、中国とインドの僧侶についての記述があります。それによると、中国の僧侶は袈裟など豪華な衣装を身に着けているが、インドの僧侶はそのようなことはない。インドの僧侶は中国にいると堕落してしまうと考えて、インドに帰ってしまった。そうした姿を知って、栄西も中国からインドに行かなければならないと考えたのです。

本郷　だとすると、栄西は志が高くないですか。富貴を求めていないように感じます。

島田　志が高いと思います。ただ、豪華な袈裟を纏《まと》った中国の僧侶を堕落していたと決めつけることはできません。中国の仏教は行政機関の一翼を担っている側面があり、俗界と同じように位《くらい》が定められていました。そのため、高位の僧侶は立派な服装をしていました。これは、日本も取り入れていきます。

本郷　栄西は志が高いのに、兼修禅という一点で、道元より低く見られる傾向があります。これは、歴史研究者が歴史愛好者の裾野が広がるようにと、専門書ではなくわかりやすい一般書を出したり、テレビに出演したりすると、まるで〝まがいもの〟に手を染めたかのように低く見られることと似ている気がします。

島田　栄西には、自分が中国から持ってきた禅をいかに広めていくかという課題があったと思います。栄西は禅一本槍ではなく、生涯にわたって、幅広く他の教えや社会事業に関心を持ち続けました。密教僧としても活躍しています。

本郷　そうした姿勢に対して、「専門は狭ければ狭いほどいい。そのほうが深い」という価値観があります。しかし、必ずしも狭いことが深さに結びつくわけではありません。狭くて浅いケースもいくらでもあると思いますが、活動範囲が広いと、それだけで胡散臭いように思われてしまいがちですね。

修行の本質

島田　栄西と同じく、道元も中国に渡っています。しかし、その興味は土木技術などには向かず、もっぱら禅の方法や教えに向かいました。

本郷　私が気になるのは、『典座教訓《てんぞきょうくん》』に出てくる有名なエピソードです。

島田　中国で、典座（禅宗において料理や炊飯などを担当する僧侶）と出会った時のエピソードですね。

道元はある時、中国の禅僧と話が盛り上がりました。道元はもっと話を聞きたいと頼むのですが、彼は「私はこれから寺に帰って料理をつくらなければならない」と答えた。道元が「料理の準備より、ここでお話をするほうが重要ではないですか」と食い下がると、中国僧に「あなたはまだわかってない」と言われてしまいます。料理をつくる営みもまた修行であるという教訓です。

本郷　日本の修行は、下働きから始まることが多いですね。たとえば落語家なら、師匠にいきなり稽古をつけてもらうことは少なく、掃除などから始まります。また、寿司職人だと、最初の三年は包丁を握らせてもらえないこともあります。私はこのあたり、どうも『典座教訓』のエピソードにつながるような気がしてなりません。それに対して、実業家の堀《ほり》江《え》貴文《たかふみ》さんは「そんな無意味な修行は飛ばすべきだ」と主張するわけです。

道元が主張したのが只管打坐《しかんたざ》、すなわち雑念を払って、ひたすら座禅《ざぜん》を組むことです。でも、僧侶にだって生活がありますから、誰かが食事をつくったり、風呂を沸《わ》かしたり、部屋を掃除したりする必要があります。疑《うたぐ》り深いことを言えば、そうした作業を、「これも修行なんだ」と言い張って、させているだけではないのでしょうか。本気で、それらを修行だと考えているんですかね。

島田　ＮＨＫは、永平寺を繰り返し取り上げてドキュメンタリー番組をつくっています。一九七六年放映のＮＨＫ特集「永平寺」は、イタリア賞（ドキュメンタリー部門）を受賞しています。禅寺の修行はかなり厳しく、時に暴力的な部分もありますが、そのような場面は放送されません。修行僧が座禅をしている美しい姿などが映《うつ》されています。

禅寺は入門する時から大変です。入門希望者は道場の前で、深くお辞儀したまま ずっと立ち続けます。しかも、道場はいっぱいで空きがないと追い返されますが、それを繰り返して、やっと入門が許されるのです。入門しても、たとえば食事の作法はとても厳しく、音を立てると暴力を振るわれることもあるようです。知人の曹洞宗の僧侶も、修行時代に暴力を受けた経験を語っています。そうして、曹洞宗では最低一年間、たいていの人は二年間修行をします。

本郷 大変ですね。

島田 NHKの永平寺ドキュメンタリー番組に典座の人が出てくるのですが、その人は栄養面など考える必要はないと語っていました。それでは、脚気《かっけ》になってしまいます。ただ、現在は違います。細かく毎日の食事を記録して、脚気にならないような健康的なメニューをつくっています。永平寺の典座で、精進《しょうじん》料理の本も書いている人もいます。ですから、同じ典座でも、人によってしていることが違うわけです。しかしそうすると、どちらが道元の意向にかなっているのか、と考えたくなります。

本郷 道元なら「脚気になってもいいや」と考えていそうです。

島田 そもそも、道元が中国で学んだ天童如浄《てんどうにょじょう》（一一六三〜一二二八年。他説あり）という老師が暴力僧でした。如浄はひっぱたいたり、そばで鐘を鳴らしたりして、座禅をしている雲水を是が非でも寝かせないようなことをしました。そのスタイルを、道元は受け入れています。

本郷　それって一歩まちがうと、かつての戸塚ヨットスクールですね。

島田　まちがっていなくて、そのままですよ。

本郷　私は大学院生時代、指導教授の石井進先生と禅寺を訪れたことがあります。石井先生に「本郷君、そこのお墓を見てごらんなさい」と言われたので、見ると、僧侶たちが長寿で驚きました。「なぜだと思う?」と聞かれて、精進料理は健康的だからかなあ、などと考えていると、先生はにやっと笑って、「身体の弱い人は二〇歳くらいで死んじゃうんだよ」と言われたのです。つまり、修行を生き延びることができた人は身体が丈夫だから、寿命が長いというわけです。厳しすぎる世界だなあと思いましたね。

島田　禅僧に限らず、僧侶は古来、長生きですね。そこには、世俗の煩《わずら》いがないこともあると思います。

弟子たちに不評だった、道元の鎌倉訪問

島田　鎌倉仏教の他の開祖と同じく、道元も幕府に招かれ、鎌倉を訪れています。宝治《ほうじ》元

（一二四七）年のことです。

本郷　その数カ月前に宝治合戦《ほうじがっせん》が起こり、北条氏と肩を並べた有力御家人《ごけにん》の三浦《みうら》氏が滅ぼされていますから、当時の鎌倉は殺伐《さつばつ》としていたでしょう。

三浦氏を滅ぼす前段階として前年に、北条氏の内部で北条本家と、次に格式の高い名越《なごえ》氏の仲間割れが起こりました。第三代執権・北条泰時は御成敗式目《ごせいばいしきもく》を制定したことで知られていますが、彼は我慢強い性格なのか、自分に反発ばかりする弟の名越朝時《ともとき》を潰すことはしませんでした。ところが孫の時頼が第五代執権になると、名越氏の勢力を大幅に削《けず》ります。三浦氏はこの時に名越氏側について立ち上がるべきだったのですが、躊躇《ちゅうちょ》した。結局、あとになって滅ぼされました。

さらに、時頼は、第四代将軍の藤原頼経《よりつね》、第五代将軍の藤原頼嗣《よりつぐ》も京都に送り返します。そうして、後嵯峨《ごさが》天皇の皇子・宗尊《むねたか》親王を第六代将軍として擁立しました。

このように、反対派をすべて排除して見事に勝利した男、それが時頼です。その時頼を連署として支えたのが、ここまで何度か触れてきた北条重時ですね。浄土の教えを信仰した彼の支援で建立されたのが極楽寺であり、その初代住職は忍性です。いっぽう、時頼は禅に傾斜し、南宋から来た禅僧・蘭溪道隆《らんけいどうりゅう》（一二一三〜一二七八年）に帰依します。道隆が開いたのが、建長寺です。

島田　道元は、波多野義重に招かれて鎌倉に来たことになっています。

本郷　波多野氏は、もともと相模国《さがみ》（現・横浜市《よこはま》の一部と川崎市《かわさき》などを除く神奈川県）波多野荘（現・神奈川県秦野市《はたの》）出身の豪族で、源氏を支える家です。源頼朝の父親・義朝《よしとも》の頃は、ナンバー2と言えるほどの格でした。ちなみにナンバー1は三浦氏です。

波多野氏は、頼朝が鳴かず飛ばずだった頃、頼朝の異母兄・朝長《ともなが》を後援していました。朝長の母親が波多野氏だったからです。また、長男の義平《よしひら》（母親は遊女）は最初から跡取りの目はなかったのですが、次男の朝長には跡取りになれる可能性がありました。しかし結局、母親の格の高い頼朝（母親は藤原季範《すえのり》の娘）が跡取りに決まります。すると波多野氏はグレてしまうのです。頼朝が旗揚げした時にも積極的に味方をしなかったために、波多野氏は鎌倉幕府内では格が下がり、勢力を落としました。

しかし、第三代将軍・源実朝《さねとも》の首塚は波多野にあります。室町時代の波多野氏は法律に詳しい家として残り、のちに京都に活動の場を移しました。丹波国《たんば》（現・京都府中部、兵庫県東部）の戦国大名・波多野氏は同家の子孫を自称しましたが、これは本当かどうかわかりません。

島田　波多野氏は越前国に縁がありますね。

本郷　はい。越前国に所領を持っており、そこに道元を招き、永平寺が建立されたことは前述した通りです。

島田　道元は鎌倉に半年間ほど滞在しただけで、永平寺に戻ってしまいます。

本郷　鎌倉から、永平寺に戻ってきてホッとしたようなことを語っていますね。

島田　道元の鎌倉行きは、弟子たちの間では不評でした。彼らは「なぜ師匠は鎌倉に行くんだ。鎌倉で名を上げようとしているのか。師匠は権力に近づくことを否定していたはずじゃないか」と危惧しただけでなく、「自分たちが聴いたことのない教えを話すのではないか」と警戒したようです。戻ってきた道元は、「そんなことはしていない」ときっぱり否定しています。

修行と悟り

本郷　道元は、鎌倉の二階堂《にかいどう》に経塚《きょうづか》（仏教の経典を書写して地中に埋納した場所）をつくりました。そこに埋納されたのは、ほとんど法華経です。

島田　わが家は曹洞宗寺院の檀家なのですが、葬式の際には法華経が読まれます。実は、道元には法華経信仰があります。道元が書いた『正法眼蔵《しょうぼうげんぞう》』のなかに、法華経についての章があります。道元の法華経解釈は独特で、心理的なところで受け止めているような文章になっていて、わかりづらい。ただ、法華経を重視していたことはまちがいありません。そもそも『正法眼蔵』は意味が取りにくく、読んでもよくわかりません。

本郷　あれは難しいですよね。

島田　一般的な文章と文脈がまったく違います。いきなり新しい言葉が出てきて、それが何をもとにして生まれた言葉なのか、それがわかりません。ですから、その内容がすごいかどうかも判断できないのです。

本郷　それこそ「中二病」と言われてしまうかもしれませんが、あまりに難解だったので、私は、道元の思想はそこまで奥が深いのか、と思っていました。

島田　一般的に「道元は奥が深い」と言われますが、私には「この人はよくわからないことをただ繰り返しているだけではないか」との思いがどうしても拭《ぬぐ》えません。

弟子の孤雲懐奘《こうんえじょう》（一一九八～一二八〇年）が道元との問答を記した『正法眼蔵随聞記《しょうぼうげんぞうずいもんき》』も読んだのですが、「悟り」についてあらためて考えさせられました。

私は五〇年間ほど、宗教について考えてきました。いっぽうで、永平寺で二〇歳くらいから修行を始めた二五～二六歳の雲水の人たちがいます。彼らと私を比べて、どちらが物事をわかっているかと言うと、私のほうかなと思うわけです。それは、宗教学者だからわかっているということではなく、ひとつの道を長く追究している人は何か「わかる」ものがあると思うのです。

本郷さんだって長年、研究を続け、史料を読んできて、新たな史料にぶつかった時にいろいろ考えますよね。その史料の背後には、膨大な歴史的経緯の蓄積があり、専門家はその経緯を読み解いていきます。その作業はやはり熟練していないとできないでしょう。そうした経験を経て、はじめて到達できる領域がある。そうしたことを考えると、「これは道元が語っている修行とまったく同じじゃないか」と感じるわけですよ。

本郷　それは、よくわかります。私も新たな史料に向き合った時、直感的に「この史料は危ないかもしれない」など、何となく臭《にお》いでわかります。ただ、その直感は二〇年、三〇年と史料を読んでくるなかで体得できるもので、その感覚を具体的に伝えることは非常に難しい。このように学んでいけば到達できるという具体的な方法論は示せません。それは言語化できない領域、まさに禅で言う不立文字《ふりゅうもんじ》（悟りの内容は文字などではなく、師の心から弟子の心へ伝えられる以心伝心《いしんでんしん》の境地）だと思います。

　私が、師である石井進先生のすごさをあらためて感じたのは、恥ずかしながら、私が五〇歳を過ぎてからです。先生の史料に対しての読みはきわめて的確、正確。そのことがようやくわかるようになりました。若い頃にはなかなかわからなかったです。

島田　道元は、「修行を始めることが即《そく》悟りになる」と述べました。もちろん、修行を始めた時にはまだ悟っていないのですが、修行を始めた時点で、すでに悟りへと至る道の上にいる。そして修行をしていくなかで、自分の煩悩や、さまざまなことに気がつく過程を経て、この世に存在しているもの、たとえば時計ができあがるまでに膨大な経緯が凝縮して時計という形で表れていると感じるようになる——と言うのです。

　それを知ることが悟りであると考えると、仕事など一途《いちず》に邁進してきた人たち——職人も、学者も、農業人も——の営みは、本質的に道元の言う修行と変わりはないように思います。

本郷　茶道《さどう》を大成した千利休《せんのりきゅう》は、禅を学んでいました。おそらく、利休は禅も茶道も同じようにとらえていたと思います。つまり、茶を点《た》てる所作を磨き上げることで、悟りに通じる「精神的な高みに上る」という考え方です。この「高みに至る道」は、柔道、剣道、相撲道など広く受け継がれています。日本人は何でも「道《どう》」にしてしまうところがありますね。

技術の習得だけなら、たとえば寿司職人も半年ほど練習すればいいでしょう。しかし、ただ技術を習得するのではなく「修行を通じて高みに上る」ことを考えると、掃除などから始めるのも悪くはない。もちろん、それを大義名分に下働きをさせているという疑念も残りますが。要は、教える側と教わる側の意識が大切なように思います。

なぜ『正法眼蔵』は難解なのか

島田　結局、『正法眼蔵』が難解なのは、悟りを開いた道元が「悟りとはいかなるものか」を説明しているからです。要するに「わかった人」の立場から書いているわけで、「どうすれば、悟りに至るのか」という過程についての解説ではありません。また、『正法眼蔵随聞記』では、筆者の懐奘が自身の体験も書いていますが、『正法眼蔵』には道元の体験はあまり書かれておらず、きわめて抽象的です。だからわかりにくいのです。

雲水になった人が悟りを目指して修行を始めて、その時点で道元の書いたものを読んだとしても、まったくわからないでしょう。しかし悟りとはそういうもので、修行を重ねて悟りの境地に近づいていった時にはじめてわかる。このような構造を持っているのが『正法眼蔵』だと思います。

本郷　島田さんが難しいとおっしゃるのなら、私がわからないのも当然ですね。『正法眼蔵』がわからないのは恥ずかしいことではないんだ。

島田　『正法眼蔵』を普通に読むと、何が奥で何が手前かもわかりません。ある種の詩的な表現のような感じもします。ちなみに、『正法眼蔵』を解釈している人は哲学系の研究者・作家が多いです。彼らのなかには、現代哲学の方法論を駆使して読んでいる人もいます。

本郷　まだヘーゲルの『精神現象学』のほうがわかる感じがしますよ。

島田　曹洞宗と臨済宗では、修行のシステムはそれほど変わりません。曹洞宗は只管打坐、臨済宗は公案《こうあん》（師の禅問答を通して悟りに至る）を重視すると言われますが、入門や修行に大きな違いはありません。どちらも中国から来ているわけですから、当然かもしれません。ですから、道元やその思想について、独自性はどこにあり、どう評価すべきかは非常に難しいのです。

性《セックス》と悟り

島田　『正法眼蔵』には、性についての記述がありません。ここまで見てきたように、日本仏教には女犯や妻帯がつきまといます。禅寺では女性と交わらなくても、稚児《ちご》を愛する男色の伝統がありました。そうした欲望についてどう考えるか、道元はおそらく何ひとつ語っていません。それはなぜなのか。もっとも難しい問題をネグレクトしているのかもしれませんし、すでに悟りを得ているのでとらわれることなく、何をしてもいいとも考えられます。

本郷　悟っていれば穢れる行為をしても穢れない、というわけですか。

島田　オウム真理《しんり》教《きょう》の例を挙げましょう。実は、教祖である麻原彰晃《あさはらしょうこう》は出家していません。在家であり、家族がいました。しかし弟子たち、なかでも幹部たちの多くは出家しています。弟子からすると、最終解脱を果たした麻原はもはやどのような欲望を満たしても問題ないと考えたのかもしれません。人間社会には、このようなややこしい問題があるのです。ただ、禅宗ではそもそも、性などの欲望に関してあまり議論されない傾向があります。

本郷　そこに踏み込んだのは、肉を食べ、酒を飲み、妻も子供も持った一休宗純ぐらいですか。

島田　そうなりますね。結局、禅宗は教えがあるようでない、良く言えば教義に縛られることがない。念仏を唱えよ、法華経を信仰せよ、などと強制されることがないわけです。

本郷　それは、もしかすると、抽象絵画の世界に通じるものがあるのかもしれません。私はもともと抽象絵画について全然わからなかったのですが、ある企画に携わり、学んでみると、おもしろいなあと感じるようになりました。

私なりに解釈すると、抽象絵画とは視覚がとらえるフォルムを一度壊《こわ》してしまうものなんです。その壊し方にどのような手順や共通のルールがあるのかまではわかりませんが、思想も似ているところがあります。

すなわち、ある常識やテーゼをいったん疑って壊してみる。すると新しい視点が生まれてきます。宗派のように「○○思想」などと名前をつけて分類し、「□□は△△である」と言葉で定義するとわかりやすくなりますが、その理解を崩すことで見えてくる相《そう》があるわけです。音楽で言えばジャズですかね。ジャズのインプロビゼーション（即興演奏）も、楽理《がくり》を一度崩して言語化された世界の向こうにあるものをつかまえようとする試みのように感じます。もちろん、インプロビゼーションにもルールはあるそうですが。

島田　そのことは、芸術全般に言えますね。たとえば、ある仏像がなぜ優れているのか、という説明は、技術・技巧的な部分は言語化できます。しかし、それを超えた世界を言葉にすることは非常に難しい。

そのことこそ、道元にとってジレンマだったのかもしれません。つまり、自分の体験したことを言葉としてどう伝えるか、悩んだのではないでしょうか。たとえ、自分が辿った道を詳細に書き出したとして、それを擦《なぞ》って皆が悟りに到達できるとは限りません。そもそも悟りは一瞬にして訪れるわけですから、その一瞬を描き出すことはきわめて困難です。「悟りとは何かについては、悟った人間の立場で書くしかない。初心者向けに解説することはできない」。そのようにある意味、開き直ったのかもしれません。あるいは、道元がもともとそのような体質の人だったのか。そこはわかりませんが、悟りを得ることはそれだけ難しいということはまちがいなさそうです。

第六章

日蓮

——原理主義を貫いた孤高のカリスマ

なぜ日蓮の映画は多いのか

島田　日本映画には、各宗派の開祖を題材にしたものが少なくありません。そのなかで、前章で扱った道元の映画は少なく、近年では二〇〇九年に中村勘太郎《なかむらかんたろう》（現・勘九郎《かんくろう》）が主演した『禅 ZEN』が目立つくらいです。

本郷　舞台ですと、井上《いのうえ》ひさし作・蜷川幸雄《にながわゆきお》演出の『道元の冒険』（二〇〇八年公演）がありますね。私も観《み》ました。

島田　最澄だと映画はないですね。親鸞については、俳優の三國連太郎《みくにれんたろう》が原作・監督・脚本を担当して『親鸞 白い道』（一九八七年公開）をつくりましたが、数自体は少ない。比較的多いのが空海ですが、超能力など伝奇的な展開が多い。そんななか、映画界で圧倒的に人気があるのは日蓮です。たとえば、『日蓮と蒙古大襲来』（一九五八年公開）と『日蓮』（一九七九年公開）は超大作です。

本郷　どちらも、製作は永田雅一《ながたまさいち》ですね。「永田ラッパ」と呼ばれた、大映の辣腕《らつわん》プロデューサーであり、社長です。プロ野球のオーナーになったり、政界のフィクサーとも見られたりしました。

島田　永田は熱心な法華信者で、自らの信仰にもとづいて作品をつくっています。この二作は戦後の映画ですが、戦前になると、毎年のように日蓮を扱った映画がつくられていました。もっとも古い作品は明治時代で、大正時代にはかなり多くつくられるようになります。ただ、これらは残念ながら、残っていません。

江戸時代に遡れば、日蓮は歌舞伎にも登場しています。『日蓮聖人御法海《にちれんしょうにんみのりのうみ》』はよく知られていますが、能楽にも日蓮が出てくる作品があります。小説でも、山岡荘八《やまおかそうはち》（『日蓮』講談社・山岡荘八歴史文庫）や二一世紀に入ってからも佐藤賢一《さとうけんいち》（『日蓮』新潮文庫）など、日蓮について書いている人は少なくありません。いずれにせよ、近世から近代にかけて、日蓮が庶民の人気を集めていたことがわかります。

本郷　日蓮は、今時の言葉で言えば「キャラの立った」人だったのでしょうね。

島田　日蓮と比べると、親鸞の人気は近世から戦前まで、それほど高くはなかった。戦後になってから、知識人が持ち上げることで注目されたと見ていいでしょう。中世の寺社勢力を研究している伊藤正敏《いとうまさとし》さん（元・長岡造形大学教授）は、中世では人間性までわかる人物はごく少ないが、日蓮はそのひとりである、とおっしゃっていましたが、私も同感です。

手紙からわかる、日蓮の生活

島田　日蓮は承久四（一二二二）年、安房国《あわ》（現・千葉県南部）に生まれ、比叡山で学び、法華宗《ほっけしゅう》（のちの日蓮宗。改称した経緯は後述）を開きました。

本郷　彼は低い社会階層の出身ということになっていますね。

島田　漁師の子と言われますが、それについて書かれている史料は信憑性が低い。私は、きちんとした家の出身ではなかろうかと考えています。というのも、法然や親鸞と同じように、日蓮も比叡山に上がっているからです。比叡山で学ぶには、相応の教養が必要で、それだけの教育を受けていたことになります。漁師の家では無理ですね。

本郷　営業施策と言うと語弊があるかもしれませんが、社会に出て行く過程で、出自や経歴を盛る人と下げる人がいますよね。日蓮の場合は後者だったのではないでしょうか。私の友人の江間浩人《えまひろと》さん（日蓮研究者）は手堅く史料を探求して、日蓮は御家人の伊東《いとう》氏の出身ではないか、と説いていて説得力があります（『日蓮誕生』論創社）。ともあれ、日蓮の書いたものを見てみると、とても漁師の出身とは思えません。

島田　現実問題として、書けないですね。日蓮は、多くの書状を残しています。特に晩年、甲斐《かい》国（現・山梨県）の身延山《みのぶさん》（久遠寺《くおんじ》〔山梨県南巨摩《みなみこま》郡身延町〕）に隠棲してからは、各地にいた彼の信者に、たくさんの手紙を送りました。それを読むと、彼がどのような生活をして、どのような人生を歩んできたかがよくわかります。

信者たちは言わばスポンサーであり、日蓮にさまざまなものを送りました。それに対する日蓮の手紙は、「お米をありがとうございます」「お金をありがとうございます」など基本的にはお礼状なのですが、実に懇切丁寧《こんせつていねい》に書かれています。そして、単に礼を述べるだけではなく、仏法の教えを説くスタイルを取っているのです。その際に、仏典や中国の古典からエピソードを引用しているのですが、同じネタはありません。それぞれのケースに応じた話を引用していて、内容が個々に違うのです。

本郷　それは立派ですね。

島田　信者の支援が彼の生活、大袈裟に言えば命を支えていたということもあるかもしれませんが、仏典や古典に通じていないとできません。また、これだけ丁寧に物事を説いているところに、日蓮の人間性を感じます。

手紙からは、彼の嗜好《しこう》もわかります。たとえば、彼は酒を好みました。身延山は寒いから身体を温《あたた》めるためには酒が最適だったようです。また、隠棲しても彼の周囲に人が集まってきて常時、何十人もいたようです。そのなかには「ここに来れば食える」と来た人もいたでしょうから、彼らを食わせるためにも信者たちからの支援が必要であり、お礼状を丁寧に書いていたのでしょう。

「本当はたったひとりの直弟子《じきでし》だけを相手に毎日、経を読むような生活を送りたい。しかしそれができない」。手紙には、そのようなことまで書かれていて、その人間性がよくわかります。

本郷　この時代で、そこまでわかる人は珍しいです。

遺文問題

島田　ただ、日蓮の文書を扱うには問題があります。日蓮の文書には「遺文《いぶん》」という用語が使われるのですが、大きく分けて三つに分類されます。

まず「真蹟《しんせき》」。本人が書いたもので、日蓮の場合は多数残されています。

次に「曽存《そうぞん》」。これは日蓮の文書にだけ使われる特殊な用語だと思いますが、もともと真蹟の存在が確認されていたが、のちにそれが失われたものです。具体的には明治八（一八七五）年、日蓮宗の総本山・久遠寺が火災に見舞われ、その際に焼失した文書です。
最後が「写本《しやほん》」。日蓮が書いたものではなく、それを写した文書です。こちらは膨大に存在します。写本のなかには、偽書と言われているものも少なくありません。たとえば、『三《さん》大秘法抄《だいひほうしよう》（三大秘法稟承事《さんだいひほうぼんじようのこと》）』です。

本郷　日蓮が上総《かずさ》国（現・千葉県中部）の信徒に送った手紙ですね。

島田　はい。三大秘法（三秘《さんぴ》）とは、日蓮が説いた「本門《ほんもん》の本尊《ほんぞん》」「本門《ほんもん》の題目《だいもく》」「本門《ほんもん》の戒壇《かいだん》」のことです。

法華経は全部で二八品ありますが、前半を迹門《しやくもん》、後半を本門と呼びます。この二つのうち、日蓮は本門に重きを置きました。本門の本尊とは久遠《くおん》の釈迦牟尼仏《しやかむにぶつ》を表した大曼荼羅《だいまんだら》、本門の題目とは南無妙法蓮華経《なむみようほうれんげきよう》、本門の戒壇とは本尊を祀り題目を唱える場所を指しています。

このなかで、もっとも重要視されたのが本門の戒壇で、どのようにして樹立するかが大きな課題でした。その動きが近世から出てくるのですが、特に強調したのが戦前の田中智《たなかち》学《がく》です。彼は、日蓮の教えを皇国史観と合体させる「日蓮主義」を唱え、日蓮宗系の在家団体・立正安国会《りつしようあんこくかい》（のちの国柱会《こくちゆうかい》）を興します。

本郷　旧日本陸軍の石原莞爾《いしわらかんじ》も田中に私淑し、国柱会に入りましたね。

島田　そうです。その田中が唱えたのが「国立戒壇《こくりつかいだん》」の建立です。本門の戒壇を国家が樹立することで、日蓮宗の信仰を国の中心に据える、言わば国教にするという主張を展開しました。もちろん、それは実現していません。

この国立戒壇を戦後に唱えたのが、創価学会の第二代会長・戸田城聖です。創価学会は、日蓮宗の一派である日蓮正宗《にちれんしょうしゅう》系の在家団体でした（現在は離反）。戸田は「創価学会が政治の世界に進出する唯一の理由は、国立戒壇を建立することにある」と主張しました。しかし、戸田の師である初代会長・牧口常三郎《まきぐちつねさぶろう》は、国立戒壇についてまったく言及していません。ということは、戸田が選挙を戦う際にこのスローガンが有効だと考えて主張したのでしょう。

このように、日蓮はきわめて政治的な存在として取り扱われてきました。

国難に立ち向かうカリスマ宗教家

島田　日蓮は比叡山を下りたあと、法然の浄土宗を批判し、次に臨済宗や曹洞宗などの禅宗も批判しました。また、真言宗も律宗も批判し、天台宗に密教を持ち込んだ円仁や円珍、特に円仁を批判します。天台教学の中核にある法華経だけが正しい法であり、他の宗派の教えはすべてまちがっている。これが彼の主張でした。日蓮が否定しなかったのは、天台宗の開祖・最澄だけです。

本郷　日蓮は法華経ど真ん中で、天台宗ストレートな人ですね。「一切衆生は生まれながらに仏性《ぶっしょう》を持ち、誰もが仏になれる。だから大事なことはたったひとつ、題目の南無妙法蓮華経を唱えることである」としました。逆に言えば、他の教えはすべてまちがいであると積極的に否定しています。

島田　法華経の信仰を唱えた開祖や高僧は少なくないのですが、法華経一本槍はきわめて少なく、そこからも日蓮は特異な存在と言えます。

本郷　法然は他の教えも認めていましたし、栄西も禅以外に天台宗・真言宗の教えを取り入れました。純粋禅と言われる道元も、法華経信仰を持っていた。そうしたなかで「最澄しか認めない」日蓮は変わっていると言えば、変わっていますね。

島田　前述のように、日蓮は最初、比叡山で学びました。ですから、天台宗の枠組みのなかのひとりであり、その教学を中心に考えていました。しかし、その傾向が特別に強かったようで、特に念仏は邪《よこしま》な教えであり「これが世に蔓延《はびこ》っていることが、社会が悪くなる原因だ」と、とらえたのです。

本郷　言うならば、法華経原理主義者ですね。ただ、過激な言動・行動は人を惹きつけることも事実です。

島田　日蓮の遺文には「断簡《だんかん》」もあります。これはごく短いもので、物理的に短く切り刻まれているものを指します。通常、弟子たちは師匠の書いたものを内容的に貴重だとして保存しますが、日蓮宗では、「病気の時に日蓮の書いたものを飲むと治る」などと言われ、文書自体が価値を持ちました。そのため、病気治癒のパワーを期待して切り刻まれた手紙などもたくさん残されています。つまり、彼自身が信仰の対象になっていたのです。

本郷　宗派に開祖の名が冠されているのは日蓮宗くらいですね。法然の教団は浄土宗であり、法然宗とは言いません。弟子たちがカリスマに仕立てあげたであろう親鸞ですら、親鸞宗とは呼ばれません。しかし、日蓮の教団は法華宗ではなく、日蓮宗です。

島田　天台宗を「天台法華宗」と呼ぶことがあり、江戸時代、法華宗（日蓮宗）に天台宗からクレームが入り、日蓮宗にあらためたという経緯があります。ただ、その際に開祖の名をつけなくてもいいわけですから、日蓮が信仰の対象になっていたことは大きかったと思います。

本郷　他の開祖と比べても、カリスマ性があったと言えそうですね。

島田　彼には、「蒙古襲来を予言して的中させた」という経歴があり、そのことがカリスマ性を高めることに一役買っています。

蒙古襲来を予言

島田　日蓮が蒙古襲来を予言したのは、第五代執権・北条時頼に提出した『立正安国論《りっしょうあんこくろん》』においてです。その『立正安国論』の前に、日蓮は『守護国家論《しゅごこっかろん》』という文章を書いているのですが、同書は日蓮研究の世界で戦後まで、ほとんど注目されませんでした。『立正安国論』の下書きと見られたからです。

確かに、両書は内容的に重なっています。『守護国家論』を読んでみると、「法華経こそ、釈迦が最後に唱えた最重要の経典」という前提はともかく、内容はきわめて学術的、かつ論理的です。日蓮の学識が深いことがよくわかります。そのため、戦後は、『守護国家論』も評価されるようになりました。

本郷　両書を書くには相当な教養、それを身につける環境が必要ですから、そのことからも日蓮が漁師の子というのはありえないですね。『立正安国論』は親鸞のところで触れた宿屋入道こと宿屋光則を介して、北条時頼に提出したと言われています。

島田　日蓮が蒙古襲来の根拠としたのは法華経ではなく薬師経《やくしきょう》で、そのなかにある「七《しち》難《なん》」の概念にもとづいていました。七難とは「疫病」「他国の侵略」「国内の反乱」「星々《ほしぼし》（天空）の異変」「日蝕・月蝕」「季節外れの風雨」「旱魃《かんばつ》」を指すのですが、当時、このうちの五つはすでに起こっており、「他国の侵略」「国内の反乱」が残っていました。

『立正安国論』には、この二つが起こるとは書かれていますが、具体的にモンゴルが攻めてくるとは書かれていません。ところが、この予言は文永《ぶんえい》一一（一二七四）年の蒙古襲来によって、的中してしまいます。

本郷　日蓮は「なぜ侵略や反乱が起こるか。それは正しい教えが行われず、まちがった教えが広まっているためだ」と主張し、まちがった教えとして念仏を挙げて批判しました。

島田　それによって、日蓮は念仏衆に襲撃されることになります。いわゆる「小松原《こまつばら》の法《ほう》難《なん》」です。日蓮たちは安房国において、念仏衆の〝地元ボス〟東条景信《とうじょうかげのぶ》らに襲われ、弟子の鏡忍房日暁《きょうにんぼうにちぎょう》（一二〇二〜一二六四年）と信者の工藤吉隆《くどうよしたか》が殺され、日蓮自身も額《ひたい》に傷を負いました。完全な刃傷沙汰です。このような抗争に備えて、日蓮側も武器を携えていましたから、日蓮の教団は武装集団の面もありました。その意味では、日蓮も鎌倉時代的な暴力風土のなかで活動していたと言えます。

もっとも、事件の本当の原因は、宗教的対立ではなかったようです。日蓮を支えていた女性が領地の問題で争い事に巻き込まれ、日蓮が弁護士の役割を果たすことになりました。日蓮はその裁判に勝ったがゆえに恨《うら》みを買って、襲われたと考えることができます。

日蓮は訴訟に勝つだけの言語能力・論理能力を持っていたわけで、そこからも漁師の子だったというのはありえないと思います。空海が山中で修行していたとは考えられないのと同じですね。

「境界」に住んだ日蓮

島田　日蓮は『立正安国論』を提出するために鎌倉に入りますが、その際に寺を拠点にしていません。草庵《そうあん》を結び、周辺部にいました。鎌倉の街にすぐに入ったわけではありません。

本郷　石井進先生言うところの「境界」ですね。人が住んでいる地域の周辺部であり、石井先生は「地獄の風景」と表現しましたが、死んだ人が捨てられているような地域です。現在、建長寺がある場所は当時、「地獄谷《じごくだに》」と呼ばれていましたし、閻魔大王《えんまだいおう》を本尊としている円応寺《えんのうじ》（神奈川県鎌倉市）もそうした場所です。日常生活とは違う空気が流れているところです。死の雰囲気があると共に、芸能の場所でもある。そうした地域に、あえて日蓮は拠点を築いて、辻説法を行っていたことになります。そのような場所にいただけでも、日蓮は特異な存在ですね。

島田　深い山中で、修行と弟子の育成に励《はげ》んでいた道元と比べると、まったく環境が違いますね。

本郷　しかし北条時頼は、日蓮の言うことに耳を傾けませんでした。それどころか、日蓮は流罪になってしまいます。時頼は「アホの時宗」と異なり、浄土の教えも聴くし、禅宗にも興味を示しました。だから日蓮の言説を聴いてもよさそうなものですが……。

島田　日蓮はその後も、『立正安国論』を何度も自分で書き写して、また時頼に出そうとしていました。しかし、時頼は拒絶します。

本郷　日蓮の場合、彼の思想よりも行動に問題があったと思います。

島田　なるほど。要するに鎌倉にいた念仏衆とぶつかり合った。それが問題だったと。

本郷　はい。それに、日蓮の周囲には、名越氏や比企《ひき》氏など北条本家に楯突《たてつ》いた御家人が集まっていました。逆に言えば、日蓮は、北条本家に取り入ろうという意思はなかったのかもしれません。取り入ろうと考えていたなら、もっとうまい立ち回りがあったはずですから。

島田　結局、日蓮は弘長元《こうちょう》（一二六一）年に伊豆国に流されるのですが、二年後には赦免されて鎌倉に戻ってきます。翌文永元（一二六四）年に起きたのが、前述の「小松原の法難」です。さらに文永八（一二七一）年、鎌倉幕府は幕府や他宗派を批判したとして、日蓮を逮捕します。「竜《たつ》の口《くち》の法難《ほうなん》」事件です。この時、捕縛した平頼綱《よりつな》は日蓮を斬首するつもりでしたが、減刑されて佐渡国に流されました。流されたのは秋から冬にかけてで、住居は粗末な小屋で雪が入り込んできました。

本郷　厳しい環境ですね。死んでもおかしくない。

島田　文永一一（一二七四）年、日蓮は赦《ゆる》されて鎌倉に戻ってくるのですが、日蓮を捕縛した頼綱は四月、日蓮と会見します。頼綱が日蓮に蒙古襲来の時期を聞くと、日蓮は「経典には書かれていないが、今年中に攻めてくる可能性が高い」と答えました。同年一〇月に蒙古襲来、いわゆる文永《ぶんえい》の役《えき》が起こります。

ただし、これについて幕府側の史料は残っていません。いっぽう、日蓮の真蹟である文書「下山御消息《しもやまごしょうそく》」では、頼綱との会見について語られています。私は、日蓮が頼綱に対して蒙古襲来について語ったという話は本当である可能性が高いと思っています。

本郷　『立正安国論』で言及された国内の反乱についても、安達泰盛《やすもり》ほか安達氏が滅ぼされた霜月騒動《しもつきそうどう》のことだと考えると、こちらも当たったことになります。

島田　そうなりますね。普通、宗教家の予言は当たらないものですが、日蓮の場合は当たってしまった。しかし逆に当たったがゆえに「こいつは恐ろしい奴だ」と認識されてしまったことも多分にあったでしょう。日蓮は頼綱との会見後、鎌倉を去って身延山に行きます。これは、日蓮自らが去ったとする説もありますが、私は半流罪のような形で身延山に追いやられた可能性が高いと考えています。

本郷　確かに、身延山は降雪もありますし、厳しい環境です。しかも、日蓮は五〇歳を過ぎていましたから、わざわざ厳しい環境に身を置くのは不自然ですね。

島田　幕府はそのような措置を取るものでしょうか。

本郷　十分にありえます。ただ、具体的な例としてはあまりないですね。幕府が危険と見なした人物は通常、有力御家人のところに「召預」という処置を取ります。これは時に、生殺与奪の権まで与えられます。実際に、預かっている側が殺してしまう事態も起こっています。幕府としては「そうなってもいいや」と考えたのでしょう。日蓮の場合も、幕府は「厳しい環境におけば死ぬかもしれない、少なくともうるさいことを言ってくる余裕はなくなるだろう」と考えた可能性はあるかもしれません。

日蓮に関する偽書・偽文書

島田　私は、小松邦彰《こまつほうしょう》先生（立正大学名誉教授）が講師となった研究会「日蓮の遺文を読む」に九年間にわたり、毎月出席して、日蓮の遺文を勉強したことがあります。テキストとなったのが、真蹟だけで構成される『平成新修日蓮聖人遺文集』（米田淳雄編、日蓮宗妙法山連紹寺）です。ちなみに、小松先生に影響を与えた、仏教史学の大家・高木豊《たかぎゆたか》先生（立正大学名誉教授）は真蹟中心主義の人でした。私は高木先生から何かを教えられたことはありませんが、タクシーに同乗させていただき、謦咳《けいがい》に接したことはあります。

九年間、真蹟ばかり読んでいると、日蓮の癖と言うか、文体や内容についても、本物かどうか何となくわかるようになりました。すると、新史料が出てきても、「ちょっと怪しいな」と感じるものが少なくない。また、日蓮研究を行っている一角《ひとかど》の学者でも、怪しい史料を使っていることもあります。

本郷　よくわかります。結論が先にありきで、その結論に持っていくために、怪しくても都合の良い史料を使ってしまったりする。自分のなかで「これは危ないんじゃないか」という警鐘は鳴っても、その声を封印しながら、つい使ってしまうことはあると思います。

島田　史料の真贋《しんがん》は大きな問題ですが、本郷さんはどのように判定していますか。

本郷　私の場合は、まず「その文書があることで誰が得（損）をするか」を考えます。たとえば、その文書が存在することで関係者の誰も得をしない場合は、本物かもしれないと思い始めます。

有名なところでは、戦国大名の武田信玄《たけだしんげん》が春日源助《かすがげんすけ》という少年に書いたラブレターがあります。一般的に偽文書《ぎもんじょ》とされています。それは花押《かおう》の形がおかしいからです。ただ、文章は難しい言葉を使っていますし、内容も「今日は庚申《こうしん》待ちの日なので大勢の人が出ている。だから起請文《きしょうもん》の紙を取りに行くことができず、白い紙に書くよ」などディテールが細かい。

「庚申待ち」とは、当時の習慣です。人体には虫が三匹いて、庚申の日に体内から出ると、閻魔にその人の悪行を報告しにいくとされました。いわゆる庚申信仰です。その虫が出ないように「庚申待ち」という、眠らずに夜通し騒ぐ習慣があったのです。これが偽物《にせもの》だとすると、わざわざそんなことを書くでしょうか。手が込んでいますし、これをつくって誰が得をするのでしょうか。ですから、私は本物ではないかと考えています。

偽文書として、よく知られているのは、「弘法大師御手印縁起《こうぼうだいししごしゅいんえんぎ》」です。空海の手形が押されていますが、高野山（金剛峯寺）は鎌倉時代、これを根拠として広大な土地を自分のものにしようとしました。このように、「これがあると得をする」ケースでは偽物の可能性が高まります。注意しなければならないと考えますね。

島田　ヨーロッパでも中世に「コンスタンティヌスの寄進状」が出回りました。これは、ローマ帝国の皇帝・コンスタンティヌス一世が病気治癒のお礼として教皇領を寄進した、とされるもので、ローマ教皇の優位性が主張されましたが、のちには偽文書とされました。

本郷　ただ日蓮の場合、島田さんが言われたように日蓮自身が信仰の対象であり、内容は別として、文書そのものにパワーがあるとなると、私が挙げた「その文書があることで誰が得（損）をするか」という基準が通じないことも出てきますね。

島田　そうですね。本物にはパワーが備わっていると言っても、それを確かめようがないわけですから。だから、日蓮の文書には偽物が入り込みやすいのでしょう。

私が気になっているのは、有名な『種種御振舞御書《しゅじゅおふるまいごしょ》』です。これは日蓮が佐渡国に流された経緯を綴ったもので、真蹟は残っていないのですが、かつて身延山にはあった。つまり曽存とされています。しかし、これを読むと二つの面で怪しいのです。

ひとつは、あまりにも描写が細かいことです。先に述べたように、平頼綱に逮捕された日蓮は殺されそうになります。しかし首を刎《は》ねられようとした時、謎の光が現れ、みんな恐れをなした。そのため、日蓮は死刑にならずに佐渡国への流罪となった、という話が出てきます。しかし、別の真蹟では、日蓮は死刑にならなかったとは書いてありますが、謎の光が現れたということは書いていません。ということは、謎の光云々《うんぬん》はあとから付け足された可能性があります。

もうひとつは、文体が日蓮本人のものではないように感じられることです。これは私が九年間、日蓮の真蹟を読んできた経験によるもので、あくまで勘ですが……。

『種種御振舞御書』は研究会のテキストになった『平成新修日蓮聖人遺文集』に収められてはいるのですが、前述の高木先生は『増補改訂　日蓮――その行動と思想』（太田出版）という日蓮の評伝を書く時にこれを使っていないのです。否定はしていませんが、使うこともない。どうも高木先生も本物ではないと考えていたようです。

本郷 名だたる碩学《せきがく》が『種種御振舞御書』の存在を知らないはずはありません。だとすると、偽書の可能性が高まりますね。

島田 日蓮は劇的な経歴を持ち、カリスマ性を備えたがゆえに、後世になるとエピソードが盛られ、粉飾されていきました。偽書や偽文書もそのひとつです。

日蓮正宗と創価学会

島田 ここで触れておきたいのが、日蓮正宗です。日蓮正宗は、日蓮の六人いる高弟のひとり、日興《にっこう》（一二四六～一三三三年）に遡ります。本山は大石寺《たいせきじ》（静岡県富士宮市《ふじのみや》）です。日興は、身延山の日蓮の墓を管理する役割を担いました。そのため、自分こそ本流であるとの意識が強かった。そのことが、日蓮正宗という宗派の名前に示されています。正しい日蓮宗というわけです。

日興が、日蓮の口述をまとめたのが『御義口伝《おんぎくでん》』です。その写本が残っているのですが、これを読むと、いくら何でも日蓮はこんなことを言わないだろうと思うような内容なのです。しかし、大石寺はこれを本物と認めています。創価学会も同様です。前述のように、創価学会は日蓮正宗の在家団体でした。のちに大石寺（日蓮正宗）と決別しますが、教学面ではその系譜を引き継いでいるのです。

創価学会では日蓮の遺文を「御書《ごしょ》」と呼び、会員たちはそれを勉強します。また、段階ごとに区切られた教学試験があり、合格すると資格が与えられるのですが、最高位は「教授」です。これは創価学会の内部でしか通用しませんが、初期の会員は高等教育を受けられなかった人が多く、そうした人たちにとって、この制度は日蓮の仏法について勉強するモチベーションになりました。

創価学会が出している『御書全集』はかなり分厚《ぶあつ》いものですが、それを電車のなかで開いて勉強している人を、昔はけっこう見かけました。もっとも、近年では機関誌「大白蓮華《だいびやくれんげ》」などに「今度の試験ではここが出ます」などと教えてくれるようになったこともあって、電車内で見かけなくなりましたが。

本郷　日蓮の遺文となると、鎌倉時代の文章になるわけです。文章や漢字はもちろん、歴史知識も必要ですから、教養度を高めたことはまちがいないですね。

島田　創価学会では「座談会」という会合も行います。これは、信仰の成果をみんなの前で発表する場です。庶民にとって、他人の前で自分のことや、自分の考えを語ることは勇気がいりますし、そもそものような場は提供されません。SNSなどない時代ですから。これによってコミュニケーション術が磨かれると同時に、発表するとみんなが拍手してくれるので、承認欲求も満たされます。

本郷　グループセラピーのような効果もあったでしょうね。しかし、承認欲求という言葉が人口《じんこう》に膾炙《かいしゃ》しない時代から、そのようなセッションを行っていたわけですから、すごいですね。

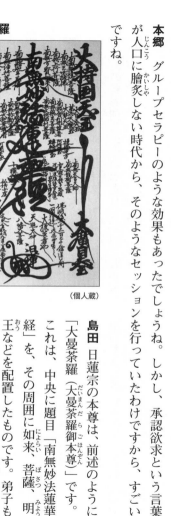

大曼荼羅

（個人蔵）

島田　日蓮宗の本尊は、前述のように「大曼荼羅（大曼荼羅御本尊《だいまんだらごほんぞん》）」です。これは、中央に題目「南無妙法蓮華経」を、その周囲に如来《にょらい》、菩薩《ぼさつ》、明王《みょうおう》などを配置したものです。弟子も信者も、大曼荼羅を掲げて拝《おが》みます。つまり、他の宗派における仏像の役割を果たしているわけです。日蓮が亡くなる時、その枕元には、もっとも大きな大曼荼羅を掲げていたと言われています。

大曼荼羅は、二五〇を超える真蹟が現存します。そして、最近でも新たに見つかっていますから、増えています。しかも大曼荼羅は、日蓮だけでなく弟子も書きます。日蓮宗のトップや高僧が代々書いているので増え続けることになります。それは本物ではありませんが、日蓮のものをそっくりまねて書くことで、ありがたみがあるとされています。

大曼荼羅にも真贋があります。大石寺には「板曼荼羅《いたまんだら》」という、日蓮が直接、楠《くすのき》の板に書いたのを彫刻したものがあります。これが究極の本尊であるというのが、大石寺の立場です。創価学会の第二代会長・戸田城聖も、「これこそがあらゆる人を救うスーパーパワー、ご利益を持った御本尊である」としていました。

この板曼荼羅を拝むために、創価学会の会員たちは月例登山会を行い、多い時は年間で一六〇〇万人が大石寺を訪れました。しかし一九八〇年代、板曼荼羅が偽物であるとの研究が出され、大きな話題を呼びます。その決着は着かず、今なお真贋論議は続いています。

創価学会の急伸

本郷　創価学会が日蓮正宗と袂《たもと》を分かったのは一九九一年、バブル経済が終焉した頃ですね。

島田　はい。当時は創価学会が運営する東京富士美術館がルノワールの絵を買ったものの、購入資金に不透明さがあり、東京国税局が税務調査に入っています。

日蓮正宗はもともと、小さな宗派でした。今でも全国に六五〇カ寺くらいでしょう。創価学会の初代会長・牧口常三郎が日蓮正宗に入信した戦前は、どちらも規模が小さかったため、問題は起こりませんでした。しかし戦後、創価学会の勢力が急速に伸び、会員が日蓮正宗に入信するようになると、日蓮正宗の寺院は一カ寺あたり、万単位の檀家を抱えるようになりました。

本郷　すごいな、それは。

島田　日蓮正宗と創価学会では、冠婚葬祭は日蓮正宗しか認めませんから、会員たちは結婚式も葬式も七五三《しちごさん》も日蓮正宗の寺院で行いました。すると、日蓮正宗の寺院に莫大なお金が入ってきます。急にお金持ちになったのです。さらに、熱心な創価学会員の子弟が出家して日蓮正宗の僧侶となり、全国に日蓮正宗系の寺院が増えていきました。

日蓮正宗は急速に拡大し、本山である大石寺には巨大な建物がどんどんつくられるようになります。一九七二年には板曼荼羅を祀る正本堂《しょうほんどう》が建立されるのですが、その資金は主に創価学会員の献金でした。創価学会が五〇億円を目標にしたところ、四日間で三三〇億円が集まったのです。正本堂は総面積三万九三六八平方メートル、延床面積三万五一五五平方メートル、高さ六六メートルで、当時はおそらく世界最大の宗教施設でした。

本郷　そうすると、創価学会としては「日蓮正宗は俺たちが大きくしてやった」という意識になるでしょうね。日蓮正宗も創価学会への態度を変えたのでしょうか。

島田　日蓮正宗は宗派として古く、長らく少数派でした。日蓮は法華経だけが正しい法であり、天台宗以外の宗派を否定しました。そうしたなかで、日蓮正宗は、自分たちこそ日蓮の教えを継ぐという正統派意識が非常に強い。しかも究極の本尊・板曼荼羅を持っていることがアイデンティティの基盤になっています。ですから、原理主義的と言うか、排他的な傾向が強いのです。

その日蓮正宗が、創価学会員によってお金が流れて立派になると、創価学会には「俺たちの力で盛り上げた」という達成感はあったでしょうが、自分たちのお金は自分たちで使ったほうがいいと考えるようになった。特に当時の池田大作会長がそのように判断したのが、日蓮正宗（大石寺）と創価学会が決別した最大の理由だったのではないでしょうか。

しかし教学に関しては、創価学会も日蓮正宗から離脱できませんでした「魂の離脱」などと言いますが、教義的には日蓮正宗を受け継いでいると言わざるを得ないと思います。

日蓮宗が都市に広がった理由

島田　日蓮は安房国で生まれ、比叡山で学びますが、鎌倉に下向し、晩年は身延山（久遠寺）で過ごしました。東国《とうごく》に縁が深いわけです。しかし日蓮宗は、鎌倉時代後半から室町時代にかけて西国《さいごく》、特に都《みやこ》である京都の町衆に受容されていきました。今の新宗教のような形で受け入れられたわけです。江戸時代には、江戸の町民の間にも広がっていきます。

本郷　要するに、商工業者に受けたわけですよね。私は昔からその理由を考えてきたのですが、私の説は、法華経がおもしろかったというものです。

農民などの間には、南無阿弥陀仏と唱えると極楽に行けるという念仏が広がりました。ただ、念仏だと話はそこで終わりです。いっぽう法華経はたとえ話などが豊富で、都市住民向けのエンターテインメント性がありました。つまり、教えを聴いていてもおもしろいわけです。

島田　実は日蓮宗の僧侶は、日蓮の教えではなく天台教学を勉強していて、そうした教えを説いていました。江戸時代になると、それが町民たちの不興を買い、日蓮の教えに帰るべきだと言われるようになりました。小難《こむずか》しくおもしろくない学問ではなく、立場が明確な日蓮の教えに帰れ、話がおもしろい法華経に帰れ、ということでしょうね。

本郷　音の響《ひび》きもありませんかね。「南無妙法蓮華経」と題目を唱えるのは明るい。いっぽうで「南無阿弥陀仏」と念仏するのは音が低く、ともすれば暗い印象を受けます。

島田　日蓮宗では、太鼓を叩《たた》いて題目を唱えますが、それはノリというか、エモーショナルな面も大きかったと思います。最近は、太鼓を叩いて街を歩く日蓮宗の人たちは見かけなくなりましたけど。

本郷　昔はいたんですか。

島田　一九七五年公開の映画『新幹線大爆発』のなかで、主人公が乗る新幹線に日蓮宗の信者が太鼓を持って乗り合わせているシーンが出てきます。そんなシーンが出てきたということは、一九七〇年代には街で太鼓を叩く人はいたということになります。

そして英雄になった

島田　江戸時代の寺請制度では本山と末寺《まつじ》があり、民衆は末寺に檀家として登録するシステムでした。言わば、ピラミッド的な縦のつながりです。それとは異なる、横のつながりもありました。それが「講《こう》」です。講は宗派と関係があるものもありますが、富士山に登る富士講《ふじこう》、伊勢神宮に参拝する伊勢講《いせこう》など、関係のないものも多くありました。そんな多種多様な講のひとつに、法華講《ほっけこう》があります。

本郷　法華講は何をする集まりなのでしょうか。

島田　みんなで法華経を学び、時に太鼓を叩いて題目を唱えました。題目を唱え、太鼓を叩くのは前項でも触れたように、日蓮宗の特徴です。他に、東京周辺の日蓮宗の寺院では、「お会式《えしき》」という行事があります。日蓮が入滅した日を中心に大きな万灯《まんとう》を掲げ、太鼓を叩きながら行列するのです。

本郷　江戸時代はじめ、江戸城には徳川家康の側室や前田利長《としなが》の母・芳春院《ほうしゅんいん》（まつ）など、法華経を信仰するグループができて、池上本門寺《いけがみほんもんじ》（東京都大田区）や法華経寺《ほけきょうじ》（千葉県市川《いちかわ》市）の五重塔をつくる際のスポンサーになりました。彼女たちに支持されたのは、法華経のなかに、竜王《りゅうおう》の娘が男子に変成《へんじょう》して仏になるという竜女成仏《りゅうにょじょうぶつ》の話があるからでしょうか。

島田　その影響はあると思います。原武史《はらたけし》さん（明治学院大学名誉教授）が述べているように、朝廷でも皇后など高位の人にまで法華経信者がいました。しかし、宮中で題目を唱えるわけにはいかず、心のなかで唱えるようにしなさいと伝えられてきたそうです。

江戸時代には、祖師信仰が成立します。日蓮が祖師、お祖師さまという形で信仰の対象になるのですが、そうした信仰も明治以降、近代まで持ち込まれています。

本郷　法華講のなかで日蓮の遺文を読み、その教えを学ぶ。そうした土壌が、近代になって日蓮を思想家と見る日蓮主義の誕生につながっていくと考えていいでしょうか。

島田　日蓮主義を唱えた田中智学の父親も、法華講に参加していました。江戸時代になると、日蓮の人気は町民を中心に広がりました。その流れがあったうえに、幕末から明治時代にかけて、対外的緊張にさらされるようになると、元寇を予言し幕府に諫言《かんげん》した日蓮を英雄視する空気が醸成されていきました。田中智学だけではなく、日蓮宗妙満寺派《みょうまんじは》（のちの顕本法華宗《けんぽんほっけしゅう》）の本多日生《ほんだにっしょう》なども日蓮主義を打ち出しています。

私に近いところでは、私の先生の先生のまた先生である姉崎正治（元・東京帝国大学教授）がいます。姉崎は日本で宗教学を始めた人で、キリシタンの研究なども行っていますが、もともとは原始仏教の研究をしていました。しかし、友人で評論家の高山樗牛《たかやまちょぎゅう》の影響で、日蓮主義者に変わりました。徹底的に折伏されたのです。そのため、姉崎は国柱会と密接な関係があり、他の日蓮主義者の人たちとも交流していました。『法華経の行者日蓮』（講談社学術文庫）という著作もあるので、日蓮宗関係の人たちからは、宗教学者としてよりも、日蓮主義者として知られています。

このように当時、インテリたちの間でも日蓮主義が広がっていました。その影響は非常に大きいと思います。

本郷　当時の事情を考えると、無理もないことかもしれませんね。明治時代になってキリスト教やイスラム教の研究をするようになる。そうしたなかで、日本にも世界宗教と対抗できるような人がほしい。誰かいないかなと見渡すと「それが日蓮だった」という面はあるのではないでしょうか。

島田　まさにその理由で、内村鑑三《うちむらかんぞう》は『代表的日本人』のなかで日蓮を取り上げています。内村は日蓮について書く際、当時広く読まれていた『日蓮伝』をもとにしています。そして日蓮は、前述のようにどんどん映画がつくられるほどの存在になっていきました。昭和に入ると「国難を救う英雄」という扱いがされるようになり、日蓮の存在は大きなものになりました。それにともない。日蓮の法華経解釈が大きな影響を与えるようになり、それが現代にまで伝わっています。創価学会がまさにその影響下にあるわけですね。

第七章

その後の鎌倉仏教

禅宗への傾斜

島田　奈良仏教（南都六宗）も、平安仏教（天台宗、真言宗）も、時宗を除く鎌倉仏教も、鎌倉幕府とかかわりがありました。しかし、鎌倉時代半ばから室町時代にかけて、武士および武家政権は禅宗（臨済宗、曹洞宗）に傾倒・傾斜していきます。そのきっかけには何があったのでしょうか。

本郷　具体的な契機としては、第五代執権・北条時頼の登場が大きいと思います。この時期に、鎌倉幕府において宗教的な政策が考えられるようになりましたから。禅宗が選ばれたのは、俗な表現をすると「手垢《てあか》がついていない」ことが大きかったと思います。

鎌倉時代には兀庵普寧、蘭溪道隆、無学祖元《むがくそげん》（一二二六～一二八六年）などの禅僧が中国から渡来しました。彼らは、日本の既存の宗教や政治勢力とつながりがありませんでしたから、新興勢力だった幕府にとって、「俺たちの宗派」として関係を深めやすかったのです。もっとも朝廷も、関西風に言えば「一丁噛《いっちょか》みさせろ」と「国師《こくし》」という称号を律宗や浄土宗、さらには禅宗の僧侶に贈り、手を突っ込んできましたが。

島田　鎌倉幕府以前には、平氏が厳島神社に豪華な装飾をほどこした法華経を奉納しました。鎌倉幕府でも、将軍家や北条本家に、法華経への傾斜は見られませんか。

本郷　いわゆる「平家納経《へいけのうきよう》」ですね。鎌倉幕府では法華経の影は薄いですね。初代将軍の源頼朝は「法華八軸の侍者《ほつけはちじくのじしや》」と呼ばれるほど、篤《あつ》く法華経を信仰しました。しかし、頼朝以降はあまり関係が見出せません。たとえば、頼朝と北条政子の墓、第二代執権・北条義時《よしとき》の墓は法華堂としてつくられていますが、第二代将軍・頼家と第三代将軍・実朝の墓は違います。また、頼朝が政子以外の女性となした子、貞暁《じようぎよう》（一一八六〜一二三一年）は真言宗の僧侶になっています。

将軍家が天台宗とかかわる場合は延暦寺（比叡山）ではなく、園城寺です。北条政子の十三回忌法要で一切経を奉納した際も、奉納先は園城寺でした。

島田　やはり全体の流れとしては法華経ではなく、禅に傾いていくということですか。

本郷　真言宗、天台宗の場合、人事の元締めは天皇でした。しかし禅宗の場合、人事権は将軍が持っています。たとえば、「あなたを○○寺の住持《じゆうじ》（一寺の主僧《しゆそう》）にします」などの文書は、将軍が直接ではないですけど、北条得宗家《とくそうけ》（北条氏嫡流にて執権などに就任する家）が出します。ここからも、やはり禅宗が武士たちにとって「俺たちの宗派」であったと見ていいと思います。

幕府のメリット

島田　鎌倉幕府は禅宗を支え、言わば後援者になりました。そして幕府のサポートで禅寺がつくられていきます。武士にとって、禅を後援することにどのようなメリットがあったのですか。なぜ禅を必要としたのでしょうか。そもそも、武士たちは座禅を組んだのでしょう。

本郷　武士たちが座禅をしたという話は、あまり聞いたことはないですね。禅宗が武士たちにどのような修行を勧めたかはわかりませんが、「経典を読め」と言われるより、「すべての行動が修行になる」禅のほうが、肉体派で行動派の武士たちにはしっくりきたと思います。

幕府が禅宗の後援者になったことについては、たとえば荘園制を考えた時、天台宗や真言宗はすでに相当な土地を持っていました。彼ら既存の寺社勢力は、武士よりも先に土地の権利を持っていたわけです。また、政治的にも朝廷との結びつきが深く、武士のスポンサードをそれほど必要としていませんでした。

いっぽう禅宗は、そうした権益をまだ持っていません。武士たちは、自分たちが獲得した権利・権益の分け前を禅宗に配分した形になります。そうすることで「禅宗だけが、自分たちのために祈ってくれるだろう」と期待するところはあったかもしれません。「奈良仏教と平安仏教のスポンサーは朝廷、だから禅宗は幕府がスポンサーになる」というか、「ならなければばならない」と考えたのだと思います。

島田　なぜでしょうか。

本郷　鎌倉時代を通して、日本各地に貨幣経済が浸透していきます。その過程で土倉《どそう》と呼ばれる層が寺社勢力から現れ、金融を担うようになりました。その中心が比叡山（延暦寺）で、言わば中央銀行のポジションを占めます。

そのようななか、武士たちは自分たちの経済担当の役割を、禅宗の僧侶に求めるようになります。それが室町時代の京都五山《きょうとござん》（別格として南禅寺《なんぜんじ》。天龍寺《てんりゅうじ》、相国寺《しょうこくじ》、建仁寺《けんにんじ》、東福寺《とうふくじ》、万寿寺《まんじゅじ》〔いずれも京都市〕）の確立につながっていきます。本郷恵子さんによれば、室町時代になると中央銀行の役割は比叡山から禅宗に移っていくそうです。

島田　室町時代には、日明《にちみん》貿易の担当者としても僧侶が活用されますね。

本郷　貿易もそうですし、いわゆる外交官の役割も担いました。国内でも二者の利益が相反するところでの調定役として禅宗が登場しています。古来、僧侶が外交を担う伝統がありましたが、室町時代からは禅宗の僧侶の動きが目立つようになるのです。

禅僧の役割

島田　鎌倉時代の段階では、外交・政治面における禅僧の役割はどの程度だったのでしょうか。

本郷　正直なところ、鎌倉時代の禅宗はそれほどの存在感はなかったと思います。中国から来た蘭溪道隆が建長寺を、無学祖元が円覚寺《えんがくじ》（神奈川県鎌倉市）を開きました。しかし、彼らの弟子の系譜は、室町時代につながっていません。室町時代に活躍するのは、後醍醐《ごだいご》天皇に国師号を贈られた夢窓疎石《むそうそせき》（一二七五〜一三五一年）の弟子たちです。要するに、鎌倉時代に〝でかい顔をしていた〟禅僧は渡来僧とその弟子で占められていた。しかし、南北朝時代あたりからその顔ぶれが変わり、新たな流れが出てきたということでしょう。

鎌倉時代の武士たちの知的水準にも、問題があったかもしれません。承久の乱において、幕府軍が京都を制圧した時、後鳥羽上皇は北条泰時に文書を遣《つか》わします。文書を受け取った泰時は、背後の武士五〇〇〇人に「この文書が読める者はいるか」と尋ねたところ、ひとりだけが進み出て文書を読んだということが『吾妻鏡』に記されています。つまり、泰時を含め、字が読める者がほとんどいなかったのです。

確かに、北条時頼は、中国から来た僧侶たちも認めるほどの理解力を持っていました。しかし時頼が亡くなると、兀庵普寧は帰ってしまいます。後継者の時宗が凡庸だったという事情があったのかもしれませんが、鎌倉時代の武士たちは、まだ深いコミュニケーションができない段階だったのかもしれません。道元も鎌倉に呼ばれますが、半年ほどで帰っていますね。

室町時代になると、武士たちも教養主義に傾斜していきます。歌を詠《よ》んだり、政治を勉強したりします。結局のところ、平安時代の貴族のライフスタイルを、武士たちも後追いしていくわけです。同様に、禅への傾斜が強まっていくのも必然だったと思います。

島田　武士および武家政権が、経済・外交のテクノクラートとして禅僧を必要としたことはわかりました。しかし民衆にとって、純粋禅はどれだけ意味のあるものだったかは疑問です。たとえば、曹洞宗も道元のあとは密教を取り入れて葬式の形式をつくり、兼修禅に戻ってしまいました。

混沌とした中世へ

本郷　建長寺の山門を上がると、道教《どうきょう》（中国の民族宗教）由来の像がたくさん並んでいます。純粋禅と言う割には、雑多な印象を受けます。もちろん、雑多だからだめということではありません。ここまで見てきたように、原理主義をピュアに突き詰めることだけが価値があるとは限りませんから。

禅の公案、たとえば猫に仏性があるのかないのかを争い、最後には猫を切ってケリをつける「南泉斬猫《なんせんざんみょう》」の話を聞くと、「へぇ、中国ではそうやって白黒つけるんだ」と新鮮に感じますけど、むしろ「日本のさまざまな思想を取り入れようよ」という動きも、腹に落ちますすね。

島田　中世社会では仏教と神道が入り混じる、神仏習合が行われます。私の宗教学の同級生で陰陽道の研究をしてきた林 淳《はやしまこと》さん（愛知学院大学客員教授）は、定年で退職するときのシンポジウムで佐藤弘夫《さとうひろお》さん（東北大学名誉教授）と対談をして、「神仏習合と言うけれども、陰陽道もそこに混交してくる」と指摘しています。ただ、陰陽道はどこに由来するのかがよくわかっていません。

本郷　泰山府君祭を行うなど、道教由来と思える部分もありますね。

島田　陰陽道には中国の影響も確かにありますが、まったく関係ない要素も入っているので、出自不明なところがあります。

　神道に仏教、さらに陰陽道なども入る。それはもう複雑な状況で、混沌とした精神世界が広がっていたわけです。そうしたなかで、何かひとつに特化した純粋なものなどありえないですし、それを求める人も少なかった。逆に言えば、純粋な禅を求めた道元、純粋な法華経信仰を求めた日蓮のほうが特殊なのかもしれません。純粋な念仏信仰を徹底することができなかった親鸞も、晩年は聖徳太子信仰に向かってしまいました。

本郷　ここまで議論してきたように、一般的には、他のものを削《そ》ぎ落として純粋なものを求める人のほうがすばらしいと評価しがちです。しかし、それは他の考え方の否定、排他にもつながりかねません。だから、日蓮は法難に遭い、最後は身延山に隠棲することになったのです。ところが、その経歴は後世になって「偉い」と評価される材料になります。

島田　プロテスタント的な宗教観、すなわち旧来の教義を否定して自らの信仰のみを重要視する考えが近代以降に強まり、その結果として、純粋さを求める教義・思想を高く評価する状況がずっと続いてきたのだと思います。

本郷　それは「たこつぼ的」な状況でもあります。

島田　はい。そもそも中世という時代を考えると、純粋なものなんてありえない。それに、もし突き詰めて純粋なものに辿り着いたとしても、そこにどんな意味があるのでしょうか。たとえば純粋禅を追求して、悟りを実現したとしても、その悟りが衆生の救いに結びつくのでしょうか。僧侶が修行をして悟りを開くのは個人としてはすばらしいことですが、宗教の役割である「悩める人の救済」とは直接、つながるわけではありません。

本郷　そうですね。実際、道元は悟りに至っても、衆生の救いどころか、その悟りを広める道筋を示すことができなかったわけですものね。自分が辿り着いたところから発言しても、それはもう、他人からは全然違うものですから。

引き籠もる道元、折伏する日蓮

島田　もし道元がいた時代にテレビがあったとして、番組で「今の宗教界をどうされますか」と聞かれても、道元は何も答えられなかったかもしれません。彼は鎌倉に行き、殺伐とした、何でもありの混沌とした世界を見てしまっています。「これは自分の手に負えない」と逃げ帰ってしまったとも言えるのではないでしょうか。

本郷　そうですね。クレバーな人だから、ますます何も言えなくなってしまうかも。

島田　しかし、仏教の在り方からすると、みんなを救わなければならないわけです。そのための大乗仏教ですから。『正法眼蔵』には、「自分が悟るということは、世界全体が悟ることだ」と記されています。しかし、そんなことって本当に、現実にありえるのでしょうか。理論的にはそのように言えるかもしれないけれど、実際に道元個人の悟りが衆生の救いに通じるのかどうか。

本郷　私たちも、インターネットが登場してSNSが普及、情報が溢《あふ》れ、今日の真実が明日には否定される混沌の時代に生きています。こうした時代に、私が「日本史を好きになってください」と言っても、なかなか聞いてもらえない。昔は東大教授という肩書があれば、一応は話を聞いてもらえました。しかし現代では、逆に引きずり降ろされることもあります。

同様に、鎌倉時代も既成の権威が力を失いつつある時代でした。神仏や他のものが入り混じる複雑な精神世界で、道元がいくら「私のしていることは正しいんだよ」と言っても聴いてもらえない。むしろ孤立していく。だから、彼は永平寺に籠もるしかなかったのかもしれません。いっぽう、日蓮はタフで、「私の言うことを聴きなさい」と辻説法に立ち、積極的に折伏して回った。

島田　日蓮は、浄土宗との公場対決《こうじょうたいけつ》を切望しました。議論をすれば絶対に勝つという揺るぎない自信があったわけです。対論の場が設けられることを望み続けて、そうした機会が訪れそうだと書状にも書いています。しかし結局、実現することなく亡くなってしまうのです。

本郷　そうなんですか。二人のベクトルはまったく違いますけど、何となく身近に感じてきました。道元はめちゃくちゃ頭がいいのですが、行動力がともなわないイメージがあります。

島田　道元も永平寺をつくったわけですから、行動力はあったと思いますよ。

本郷　しかし彼は結局、在家であることを否定してしまうわけでしょう。その意味では、「私の考え方は一般人に広まらないでもいいや」とあきらめ、「出家する人たちと籠もろう」などと思っていたのではないですかね。

島田　そういうところはあるかもしれないですね。社会は変えられない。だから個人個人の真理の追求を一番に考えて、それぞれ悟りを目指しましょうと。

本郷　それは、私ら研究者がやってはいけないことですね。研究は個人であっても、社会との接点を失ってはいけない。私はこれまで、道元は絶対的に正しいと思っていただけに、今回の対談では軽くショックを受けています。

島田　「料理をつくる営みもまた修行である」と言われても、「あたりまえでしょう」という気がするんですよ。僧侶だけではなく、市井《しせい》に生きている人みんな、自分が行っていることに何らかの意味を求めて、それを続けているわけですから。そう考えると、別に禅寺だけで修行が行われているわけじゃない。

本郷　「料理をつくる営みもまた修行である」は「あたりまえ」かあ……。僕は、その一言だけで島田さんをリスペクトするなあ……。

禅で覚醒した武士

島田　朝廷の側からすると、鎌倉時代と室町時代では、後者のほうが自分たちが脅《おびや》かされているという感覚はあったのでしょうか。

本郷　あったと思います。貴族からすれば、少なくとも鎌倉時代は武士に直接、頭を下げることはありませんでした。しかし室町時代になると、たとえば第三代将軍・足利義満《よしみつ》に直接ペコペコしなければならなくなりました。

もちろん鎌倉時代でも、承久の乱以降は、貴族も武士に頭を下げなければならない場面はあったでしょう。しかし、まだ北条氏が一線を引いていました。彼らは貴族としては中級より上にはなりませんでしたから。北条氏のトップであっても相模守《さがみのかみ》、武蔵守《むさしのかみ》どまり、つまり地方の長官がゴールでした。それ以上の高い官職は望まないようにしていました。現代で言えば大臣にはならないという感じで、一歩も二歩も引いていましたから、貴族もペコペコすることはなかった。

島田　長官と言っても東国ですから、西国の長官より格は下ですよね。

本郷　そうです、そうです。彼らは、朝廷の地盤である畿内には行きませんでした。

島田　しかし室町時代になると、武士が畿内に踏み込むようになりますね。これはなぜなのでしょうか。経済力が向上したからでしょうか。

本郷　経済力がついて、そしておそらくリベラルアーツ、教養も身につけるようになってきたからだと思います。前述のように、鎌倉時代初期の武士は字を読めない・書けない連中でしたから。

島田　法律などはつくれないですよね。

本郷　とても無理です。だから源頼朝は、大江広元《おおえのひろもと》ら京下《きょうくだ》り官人《かんじん》を呼び寄せたのです。しかしやがて、武士たちも読み書きができるようになり、法律もつくるようになる。そして、モンゴルから国書が届き、朝廷が交渉しようとした時に、横から「俺たちがやる」と割り込んで取っていった。そのあたりが転機ですね。

島田　禅宗は、当時の知的レベルから言えば、もっとも高度なものを持っていました。それが武士の能力の向上に影響したし、室町時代に禅宗の力が拡大していくことにもつながったと考えていいのでしょうか。

本郷　そうだと思います。身分の高い人たちの知的トレーニングの教材として、禅宗は存在意義を示しました。そうして、武士たちの能力も向上し、京都に行っても貴族と勝負ができるところまで成熟したわけです。

禅宗のブランド価値

本郷　第四章で触れたように、室町時代はじめに禅宗と律宗を担当する役所、禅律方がつくられます。そのような役所がつくられるほど、禅宗の存在感が大きくなっていたわけで、のちに京都五山の確立という形で目に見えて興隆していきます。

禅宗はそれほど盛り上がるのに「律宗はどこに行っちゃったの」と感じていたんです。しかし、律宗は仏教世界に溶け込むように浸透したのであって、消えたわけではなかった。あえて存在を主張する必要もなく、溶け込んだのですね。

島田　律宗は南都六宗のひとつですが、やはり宗派としては特殊です。その教えは、小乗仏教（部派仏教）ということになります。「戒律を守ろう」という考え方は、広くさまざまな人を救済しようとする大乗仏教では生まれません。結局、在家の一般人には関係のない話ですしね。だから突き詰めて研究されることもなかったのです。

いっぽうで、戒律は浄土真宗、日蓮宗を除くすべての宗派の僧侶に関係してきます。そうして、真言宗プラス律宗で真言律宗が出てくるわけです。本来、戒律については、特殊な宗派性を持つ必要はないのです。

本郷　逆に言えば、仏教を革新する動きが起こる時は、必ず戒律の復興が言われるわけですね。「昔に帰れ」という形で。

島田　禅だって戒律ですけどね。

本郷　えっ、どういうことですか。

島田　臨済宗の栄西はもともと天台宗なので、その教えは禅もあり密教もあり戒律もある。曹洞宗の道元の教えも、換言すれば、戒律を生活全体に適用することです。ただ禅宗の場合は中国との交流を通して、絶えず新しい流れが入ってきました。禅僧も渡来してきます。つまり「常に新しいもの」だったのです。これは鎌倉時代も、室町時代も、江戸時代も変わりません。絶えず中国からの影響を受けているということは、「常に最新である」ということです。

だからブランド価値が非常に高かった。そのため、禅宗が取り入れたものには注目が集まります。禅僧が持ってきたものに、みんな殺到したのです。羅漢図《らかんず》（悟りに達した修行僧=羅漢を描いたもの）などもそうです。

本郷　室町時代はじめの段階で、とにかく中国から来たものがすばらしいという唐物《からもの》好きの流行が高まりますね。いわゆる北山文化《きたやまぶんか》ですが、それが第八代将軍・足利義政《よしまさ》ぐらいの頃になると、「いや、日本の昔のものもなかなかいいよ」という、東山文化《ひがしやまぶんか》の価値観も出てくるようになります。

島田　しかし、そのあとに、今度は茶《ちゃ》（喫茶《きっさ》）のほうで唐物の価値が高まります。海外から来た、現地では何の変哲もないようなものが、日本では高く評価されたりしました。日本人は海外から来たものに、高いブランド価値を感じる傾向がありますね。
いっぽう律宗は、中国でも「新しい戒律を考える」などの流れは生まれてこないし、律僧も渡来してきませんでした。だから「昔に帰ろう」であって、戒律が革新されることもありませんでした。
本郷　確かに、戒律の在り方が刷新されたなんて話は聞かないです。
島田　しかし、やがて戦国時代を経て、江戸時代になると戒律強化の方向性が強まります。江戸幕府が戒律を利用して仏教界を管理しようとし、厳しくすることで僧侶たちを統率していくことになります。

浄土真宗の台頭

本郷　禅宗の影響を受けて知的トレーニングを積んだ武士たちが京都に進出して、室町幕府をつくりました。いっぽう禅宗も、京都五山を確立するなどして興隆しました。ただ、それはあくまで、鎌倉時代からの流れの延長線上にあるものと考えると、仏教界の本質的な革新とは言えません。室町時代に新たな潮流が生まれたとは言えないことになりますね。

島田　室町時代の新しい動き、最大の変化は、蓮如が登場して浄土真宗が台頭したことでしょう。

本郷　なるほど。蓮如が現れて、浄土真宗は地方に根ざして展開していきました。また、室町時代後半、応仁の乱（一四六七～一四七七年）によって都《みやこ》が荒廃し、地方が主人公となる歴史の動きのなかで、戦国大名たちが誕生します。同じ動きのなかで、一向宗（浄土真宗）による一向一揆《いっこういっき》も台頭してきたと言えるのかもしれませんね。

島田　戦国大名も一向一揆も、同じ歴史過程の一環だと思います。

本郷　地方では浄土真宗が台頭し、都である京都の町衆には法華宗（日蓮宗）が受け入れられました。禅宗もまた、曹洞宗は密教などを取り入れることで地方に広がっていきます。

島田　北陸では浄土真宗が強く、東北では曹洞宗が強いですね。宗教的空白地帯を目指して勢力を伸ばしていった結果だと思います。鎌倉時代に生まれた新興勢力が、それぞれ違った形で力を持つようになり、地域性を持ちながら拡大した。地域ごとによる宗派の違いは現代でも残っていますが、その基礎は室町時代にできたのです。

本郷　こうして見てくると、鎌倉時代から室町時代への動きをひとつの大きな流れとしてとらえることができますね。

キリスト教の排斥

本郷　日本人に、外国から来たものをすばらしいとするメンタリティがあるとすれば、戦国時代には、その外国に、新たに「南蛮《なんばん》」が加わります。南蛮物《なんばんもの》は、唐物よりはるかに遠いところから来たわけで、尊重されました。キリスト教もまた「新しくすばらしい文化」として見られたのでしょうか。

島田　少なくとも、当初は新しく、魅力的なものとして受容されたと思います。

本郷　妙な相関関係を見つけたのですが、戦国大名でキリスト教に深い関心を示した人は、茶などを好んだ文化人でもあります。初期には、大友義鎮《おおともよししげ》（宗麟《そうりん》）や黒田孝高《くろだよしたか》（如水《じょすい》）など知的レベルの高い人がキリシタン大名になりました。それは織田信長、豊臣秀吉の時代でも変わらず、千利休の高弟だった蒲生氏郷《がもううじさと》や高山右近《たかやまうこん》など優秀な武将たちが洗礼を受けて、キリシタン大名になっています。

島田　みんな西国の大名、しかも国際性豊かな地域の大名ですね。彼らが文化の担い手として、新しいものを受容していったのです。

本郷　そうなると、あらためて豊臣秀吉から始まるキリシタン排斥の動きを考えたくなります。あれは、そもそもキリスト教の教え自体を危険視したのか、それとも日本人を奴隷として連れていったり、さらに言えば日本を植民地化しようとする意図を察して、政治的な動向から排斥に動いたのか。

ひとつの判断材料として、九州を考えてみましょう。九州・九カ国のうち六カ国に、大友義鎮が影響力をおよぼした時期がありました。でも、義鎮を調べてみると、別に政治的にも軍事的にも優れているようには思えない、大したことのない人物に見えるのです。

その彼がなぜ九州の覇者になれたかと言うと、交易の力です。よく言われることですが古代から博多《はかた》は日本列島の玄関口であり、義鎮の本拠地・豊後国《ぶんご》(現・大分県中南部)は南蛮貿易の玄関口でした。その玄関口を通した南蛮貿易が相当利益を上げていて、それが義鎮の力を増大させた。それほど、貿易の力は大きかったのです。その貿易の力に、キリスト教の教えが乗っかるとなると、やはり秀吉としては危機感を持たざるを得なかったと思います。

島田　そこは難しい選択だったと思います。海外との、特に南蛮との貿易は利益として大きく、それによって繁栄もする。だから、安土《あづち》・桃山《ももやま》文化は絢爛豪華なのです。それだけの経済力を貿易がもたらしたわけです。しかし南蛮貿易の背景には、キリスト教があり、これがちょっと危ない。特筆すべきは、日本に最初に来たキリシタンがイエズス会だったことです。

イエズス会はキリスト教世界において、宗教改革に対抗する動きのなかで出てきた修道会で、非常に特殊な組織です。他の修道会と異なるのは「宣教をするための資金を貿易によって得る」システムを確立したことです。この点について、他の修道会から批判もされています。彼らは、日本でも貿易をやりつつ布教を行っていました。そうしたなか、キリシタン大名の大村純忠《おおむらすみただ》は天正《てんしょう》八（一五八〇）年、長崎周辺をイエズス会に寄進します。教会領という形で外国勢力の領地になってしまったわけで、そうした動きが秀吉などに警戒されたのでしょう。

本郷　秀吉に比べ、織田信長はキリスト教に融和的だったと言われます。しかし、もし彼があと一〇年生きていたらどうだったか。融和的だったかもしれませんが、「この調子だとキリスト教は危険だな」と考えて、キリスト教と手を切る方向に動いていたかもしれません。つまり、秀吉と同じ判断を下していた可能性もある。島田さんは、どちらだと考えますか。

島田　「日本の選択」として考えると、江戸時代に入ると江戸幕府は海外との交流を断ち切る方向に舵《かじ》を切ります。鎖国が本当にあったかどうかは現在、議論のあるところですが、やはり海外との関係を限定する方向に向かったことはまちがいないでしょう。ヨーロッパが大航海時代に入り、植民地獲得に向かうなか、極東の日本はそうした選択を行うことで、侵略を免《まぬが》れることができた。とすると、やはり信長もキリスト教と手を切る方向に動いたのではないでしょうか。

本郷　信長や秀吉という個人の個性・能力を超えて、歴史の流れがキリスト教排斥に動いたということですね。私もそう思います。徳川家康もキリスト教の教えを忌避する感覚は持っていませんでした。教義を危険視したのではなく、それに付随する政治的な側面によって、キリスト教は排撃されることになったのだと思います。

なぜ仏教は排斥されなかったのか

島田　大航海時代、コロンブスやマゼランなど探検家の多くは「キリスト教を布教して、世界をキリスト教化する」という使命感を抱いていました。しかし布教されるほうにすれば、それは侵略です。豊臣秀吉も江戸幕府も、その危険性をきちんと受け止めたから、貿易の利を失ってでも、キリスト教を排斥したわけです。いっぽう室町時代、日明貿易が行われていましたが、明の場合は帝国主義ではないのですね。基本的には、領土を拡張しようという考え方ではありませんでした。

本郷　確かに、明は海禁《かいきん》政策（朝貢貿易のみに限定した交易統制政策）を取っていましたから、積極的に外交をアプローチしてくることはありませんでした。ただ、交流の相手は誰でもいいわけではなく、王に限りました。日本の場合は「日本国王」、足利義満になります。逆に言えば、王とつけば相手にしてくれるわけです。だから、琉球は当時三つの王国（北山《ほくざん》、中山《ちゆうざん》、南山《なんざん》）がありましたけど、それぞれが中国と交渉することができました。

島田　中国は伝統的にそうですね。しかしキリシタン、およびその背後にあるイエズス会はどうも違う、来る人も、内容も。そうすると、どこかで警戒心が出てくる。キリスト教を政治から切り離して、日本に融合・習合させるのは難しいと考えたでしょう。

本郷　私は、そこがずっと気になっていました。仏教が伝来した頃、物部《もののべ》氏（廃仏派《はいぶつは》）と蘇我《そが》氏（崇仏派《すうぶつは》）が争ったものの、その争いは激しいものではありませんでした。鎌倉仏教が出てきた時にも、ヨーロッパの宗教戦争のような激しい争いは起こっていません。しかし、キリスト教は非常に厳しく、排斥されました。

島田　キリスト教が渡来してきた時、日本のなかに、それに対抗できるだけの宗教的リテラシーが醸成されていたことは大きいでしょうね。仏教が伝来して以来、長い年月をかけて宗教的リテラシーが培《つちか》われたため、客観的にキリスト教をとらえることができたのだと思います。

本郷　もし日本にそうした土壌がなかったら、どうなっていましたか。

島田　フィリピンのようになっていたかもしれません。フィリピンでは一四世紀にイスラム教が広まりましたが、一六世紀にスペインに植民地化されてからはキリスト教（カトリック）が浸透、席巻しました。現在、フィリピンの宗教人口におけるキリスト教徒は、九割を超えています（カトリック約八割、その他宗派約一割）。ちなみに、戦後アメリカとの関係が深まった韓国では、宗教を信仰している人々のうち過半数がキリスト教徒です（カトリック約二割、プロテスタント約三割）。

本郷　日本では、キリスト教が入ってきてから排斥するまでタイムラグはありましたが、その間、キリスト教を吟味し、その結果「これはちょっとうちには合わない」と判断したということですね。

島田　その背後にあるものが、あまりにも恐ろしいと考えた。そのように判断する材料として、中国から情報も寄せられたと思います。

なぜ日本で世界宗教が生まれなかったのか

本郷　戦国時代、キリスト教の宣教師と論争したのは、仏教の僧侶ですね。

島田　仏教の僧侶は、教義や経典を学ぶことで論理力が鍛えられますし、宗派間での争いなども経験していました。いっぽう、神道はそもそも教義がないですし、社家《しゃけ》（神職を世襲する家）は存在していましたが、別当《べっとう》という僧侶がいないとやっていけないような状態でした。

本郷　もし仏教が伝来し、それを受容していなければ、勉強好きな日本人は、神道を思想にまで発展させたでしょうか。

島田　偉大な開祖が現れないと、新しい宗教は出てきません。日本に、そのような人物が現れたかどうか。

本郷　ユダヤ教もキリスト教もイスラム教も、中東の特定の地域で生まれています。その聖地をめぐって二一世紀の今も争いが火を噴き、悲劇が起こっていますが、他の地域からはなかなか世界宗教は生まれていません。

仏教の輪廻転生という考え方も、おそらくインドの灼熱の地域で暮らし、「この世に生《せい》を受けること自体が苦しい。もう離脱したい」と感じたところから生まれてきたのだろうと思います。その意味では、日本のように気候が温暖で暮らしやすい、穏やかな世の中だと、激しい思想は出てこないのかもしれませんね。どうもそんな気がしてなりません。

島田　環境的には出てこないでしょうね。実際、出てきたためしがない。たとえば本居宣長《もとおりのりなが》の「もののあわれ」も、「感じたままでいいんじゃない」というような、非常に緩い感性の世界です。宣長は、もし悪いことが起こっても神の仕業《しわざ》だから仕方がない、などと言うくらいですからね。

本郷　そうですね。宣長は、せっかく独自性を発揮しようとして「花は盛《さか》りに、月は隈《くま》なきをのみ、見るものかは」と述べた吉田兼好を、「それは漢心《からごころ》だから」として撥《は》ね退《の》けると、「月は満月が、桜も満開がいいに決まっているよ」などと身《み》も蓋《ふた》もないことを言い出しますしね。

寺請制度が成立した背景

本郷　江戸時代に入ると、寺請制度が整備され、民衆は檀家として寺院に所属する形で管理されるようになります。

島田　寺請制度を整えることができた前提として、村落社会の形成があったと思います。藩《はん》のなかには村があり、それぞれの村には寺がありました。だから寺請制度もできたのです。アメリカの開拓時代、フロンティアを求めて西部に行った人たちは当初、信仰心は薄かった。それを追いかけるように宣教師たちがやってきて、野外で集会を開き、「あなたたちは罪深い」と改心を迫る。そうして、各タウンに教会ができていきました。この流れと同じようなことが、日本にも起こったのではないでしょうか。新田《しんでん》などの開拓にともなって村ができ、そこに寺もできた。そのようにして村落社会ができたからこそ、寺請制度も実現できたのだと思います。

本郷　江戸時代には、寺院が集まった寺町《てらまち》もできます。寺町では、宗派がほとんど意味を持ちません。谷中《やなか》（東京都台東区）などでは、たとえば日蓮宗の寺の隣に浄土真宗の寺があり、その隣にまた違う宗派の寺があったりします。江戸時代の仏教は、室町時代や戦国時代とは異なり、各宗派の牙が抜かれてライバルとして競争するような心構えはなかったと、とらえていいのでしょうか。

島田　仏教は要するに、師匠と弟子の関係で成り立っています。だから血脈《けちみゃく》（師から弟子に授ける法統《ほうとう》）を表した図に、釈迦以来の弟子の系譜がえんえんと記されたりするわけで、自分がついた師匠によって、何宗になるかも規定されてきます。それにより、結果として同じ系譜の人たちが集まって寺をつくったのであって、もともと各宗派がライバルとして、自分のところの教えを売りものにしてアピールしていたわけではないと思います。

その典型的なケースが、江戸時代の成田山新勝寺《なりたさんしんしょうじ》（千葉県成田市）です。新勝寺は元禄《げんろく》期、本尊である不動明王《ふどうみょうおう》の御開帳《ごかいちょう》を深川《ふかがわ》（東京都江東区）で行い、人気が出ました。そうして、みんな成田まで行って参詣するようになり、それにともない成田山信仰も広まっていきました。その評価は、御開帳に値《あたい》する御本尊の仏像があったどうかが人気の分かれ目であって、宗派の教えは関係していません。

本郷　なるほど。つまり本尊御開帳のようなイベントを企画し、演出できるようなプロデュース力が問われたわけですね。

島田　江戸時代、都市が形成された結果、そうしたイベントの企画も可能になりました。

もちろん、イベントを行っても人気の出る寺、出ない寺があります。そこにはさまざまな要素がかかわっていました。新勝寺の場合も、歌舞伎の成田屋《なりたや》（市川團十郎《いちかわだんじゅうろう》家の屋号）が贔屓《ひいき》にしたがゆえに人気が盛り上がり、それによって成田不動が確固たる地位を築くことができた面があったのです。

宗教戦争が起きなかった日本

本郷　神田明神《かんだみょうじん》（東京都千代田区）のように江戸総鎮守《えどそうちんじゅ》となり、さらに天下祭《てんかまつり》などによって人気が出たところもありますね。

島田　その祭りを、幕府が支援したことが大きかったと思います。江戸の地には、江戸幕府が開かれるまで、神社はほとんどなかったのではないでしょうか。しかし江戸時代、いくつか有名な神社ができました。それらが祭りを主催して、幕府も援助しました。同時に、祭りの担い手として、神社周辺に氏子《うじこ》（地域の神を信仰する人）が住む氏子町《うじこまち》が形成されていきました。祭りを行うことが、ひとつの地域の秩序をつくりあげていくうえで機能し、幕府がそれを利用した。その結果、有力神社の力がかなり大きくなりました。

全体として、幕府の管理のもと、庶民にまで仏教や神道が広がっていったのが江戸時代だと思います。

本郷　そうなってくると、江戸時代は中世とはかなり違ったレイヤーで宗教が動いていたことになりますね。

島田　宗派が確立されていると、統治する側としては管理しやすいのです。自分たちで直接すべてを管理しなくても、トップである本山だけを管理すれば、あとは各宗派に任せて指導・監督ができますから。そのいっぽうで「僧侶が破戒をしたら、死罪にする」という方針で戒律の遵守を厳しく求め、全体の規制を強めていきました。このようにして秩序を形成する体制はやはり、江戸幕府がつくったものだと思います。

本郷　その点は宗教よりも、政治がどのように成長していったかという話になると思いますが、鎌倉幕府には、役所は政所《まんどころ》と侍所《さむらいどころ》くらいしかありませんでした。しかし江戸幕府の頃には武家政治が成熟し、日本全国を支配できるように、網《あみ》の目のように行政機構が整備されていきました。

島田　近世になって起こった、大きな変化ですね。ヨーロッパでは宗教改革以降、各国が血を流す宗教戦争が続きました。日本ではそうした対立がなかったので、江戸時代に入って為政者が宗教を管理し、統治に利用する環境が成立したとも言えます。この時に、キリスト教が含まれていたら、大きな混乱をもたらしたでしょう。

本郷　そうでしょうね。キリスト教は、豊臣秀吉の段階で排除を始めたことで、確かに犠牲は出ましたが、それによって宗教戦争のような事態が回避されたと見ることができるかもしれません。

作家の塩野七生《しおのななみ》さんは「織田信長が日本人に与えた最大の贈物」として「比叡山焼打ちや長島《ながしま》、越前の一向宗徒との対決や石山本願寺《いしやまほんがんじ》攻めに示されたような、狂信の徒の皆殺し」を挙げ、それによって「日本人は宗教に免疫になったのである。（中略）この四百年の間政教分離の伝統を維持してきた国は、巧みにわが道を進んだ英国」と日本だけだと述べています（塩野七生『男の肖像』文春文庫）。これは、当たっているかもしれませんね。

島田　宗教を管理下に置いて、社会に安定をもたらした江戸幕府という例を見ると、当たっているところはあると思います。

終章

なぜ今、鎌倉仏教なのか

科学的に証明できないことを、どう説明するか

本郷　鎌倉仏教をどう理解するか。島田さんに教えていただいた論理を私なりにまとめると――中世には神《かみ》と仏《ほとけ》が混淆《こんこう》し、キリスト教神話にも匹敵する巨大で混沌とした精神世界が成立していた。だから鎌倉仏教は、宗派ごとにカテゴライズするのではなく、さまざまな要素が入り交じるものとしてとらえたほうがいい――ということになります。

島田　それでいいと思います。中世では、夢と現実は等価でした。それどころか、時に夢のお告げは現実以上に重く、夢が重要なエビデンスになるという感覚を、当時の人たちは持っていました。実際、法然や親鸞の逸話には夢の話がたくさん出てきます。

たとえば法然の場合、夢のなかで紫の雲が漂《ただよ》い、浄土宗を大成した中国の僧侶・善導《ぜんどう》（六一三～六八一年）と出会ったエピソードがありますし、親鸞も聖徳太子の夢を見たことが転機になりました。法然を批判した明恵にも、自分が見た夢を約四〇年にわたり綴った『夢記《ゆめのき》』があります。

また当時は、法力のような力も現実のものとして受け止められていました。つまり、合理主義だけできっぱり割り切れる世界ではなかったのです。

本郷　魔術的な面も併せてとらえなければなりませんね。しかし、学問として考えると、そこが難しい。

島田　科学的に証明できない領域ですから、難しいですよ。しかし人間は、厳しい修行を積んだ人に対して、常人とは違うという感覚を持つじゃないですか。いわゆるカリスマ性です。現代であれば芸能人に感じたり、スポーツ選手に感じたりするものかもしれませんが、そうした人が中世では儀式・儀礼を行い、法力をアピールし、人々もその力を実在として感じていたわけです。このことを考えないと、当時の仏教を、本当の意味で理解できません。

本郷　理性にもとづく科学的な合理主義で推《お》し量《はか》ろうとしても、最後に夢や法力など、割り切れないバッファが出てくるわけですね。

しかし、勉強・研究を始めたばかりの初学者《しょがくしゃ》に「割り切れないものが存在する」と言ってしまっていいのか、という不安もあります。最初から「それは合理性だけでは片づかない」と言ってしまうと、もう分析する必要はない、説明しなくていいや、となってしまいますから。

島田　それはそうですね。本居宣長は初学者向けに、自分が研究してきた国学《こくがく》についてどのように学んでいけばいいかを説いています。「『古事記』『日本書紀』は必須であり、和歌は重要だ。そのように基本的に学ぶべき古典はあるけれど、それを全部読み通すのは難しいから、基本的なものとして私の書いた入門書を読んでおけばいい」などと丁寧に説明しています。

歴史研究であれば、やはり史料に対する姿勢が重要ではないでしょうか。常に一次史料に帰る。そうした姿勢があれば、最低限のモラルは守られると思います。

本郷 学問としてはその通りだと思います。いっぽうで社会に広めることも学者の仕事であると考えた場合、「史料に帰れ」だけでは圧力のみが強くて、社会に浸透していく力が足りないように思います。学問も形而上的《けいじじょう》で、純粋なほうが上に見られてきました。しかし純粋性を保つだけでは、いずれは死んでいくように感じるのです。

混沌世界を分析する方法論

本郷 「鎌倉仏教とは近代が生み出した幻想である」。島田さんの、この指摘によって、私は新しい視野を啓《ひら》くことができました。では、その幻想に意味がないのかと言うと、そんなことはないようにも思うのです。

混沌の世界を、混沌のまま理解できる人はごく限られます。それはたとえば芸術、それも抽象画や実験的な現代音楽における感性にかかわるような問題です。それらをぱっと見たり聴いたりして理解できる人は少ないでしょう。

そうした才能がない、私のような人間は、協和音程《きようわおんてい》という概念のない現代音楽をバッハやモーツァルトと同じように聴くことは難しいです。そもそも、聴いていても心地よくない。やはり音階に縛られているわけですが、言い方を変えれば、無数の音が音階という形で整理されたおかげで、私でも心地よく聴くことができるわけです。

島田　現代音楽も、現代美術も歴史性があります。既成の表現に対する批判という形ででできあがっていますから、そのプロセスをすべて捨象すると「何だかわからん」と終わってしまう可能性はありますね。

本郷　では、混沌の世界を知るために、どのようなアプローチがあるのか。最初から、何色も入り混じった世界をそのまま理解できる人は少ないでしょう。となると、誰でも理解できるように、宗派で色分けして分析していくのも有効かもしれません。そうして、ある程度、混沌世界を理解したところで、「科学的な分析だけでは届かない領域があるよ」と伝える。そのほうが、正しい認識が得られるのではないでしょうか。

最初から「中世の精神世界は理性では割り切ることができない」と言ってしまうと、かえって理解できる人も限られてしまうように思うのです。

島田　そうですね。ただ、現状の理解の方向性もまたミスリードと言えばミスリードなわけです。たとえば純粋なものは正しいという感覚が強すぎて、鎌倉仏教に関しても、純粋禅を上に、兼修禅を下に見る傾向があります。

百歩譲って、純粋禅がすばらしいとして、それを実践することで、救済を求める人や社会に対してどれほど役に立つのか。大乗仏教の基本原則「利他」を考えたら、「純粋禅に利他はあるのか」と問いたくなります。社会事業的な面では、重源、叡尊、忍性らのほうが、はるかに大きな実績を残しています。

本郷　一般的に、宗教者を思想家や哲学者のようにとらえがちです。いっぽう、社会貢献を目的としてお金を集め、それで行う事業については世俗に塗《まみ》れた行為として下に見る傾向があります。

ぶれなかったのは日蓮だけ

島田　鎌倉仏教の開祖たちも、本当にすごい人たちだったかと言うと、実際には創作された部分もかなりあります。たとえば、法然は、教えよりも法力で権力者に認められたところがあります。親鸞は迷いの人ですし、当時の社会にそれほど意味のある業績を残したわけではありません。

道元も、鎌倉に「呼ばれたから行った」ことになっていますが、私は野心もあったと思います。鎌倉で存在感を示して、それによって何かを得ようとしていたのではないか。もっとも、実際の道元はいざ鎌倉に行ってみると、混沌かつ殺伐とした世界が広がっていて、自分の手には負えないと永平寺に帰ってくるわけですが。

本郷　道元の手に負えなかったからといって、誰かの手に負えたかと言うと無理でしょう。

島田　そうだったと思います。道元は鎌倉から戻り、永平寺に籠もって純粋禅を目指しましたが、彼の後継者たちはそれではやっていけないとして、密教を取り入れました。それによって曹洞宗の勢力が広がり、組織は拡大しました。社会的な需要を満たすように変化していったわけです。

本郷　密教を取り入れて葬式を発明したからといって、けっして堕落したわけではなく、社会に必要とされたということですね。

島田　結局、主張としてぶれなかった人は日蓮だけです。いかなる者にも迎合せず、自分の主張を貫いた。その結果、流罪に遭うわけですが、何とか生き延びました。

本郷　そのような日蓮だから、さみしく身延山（久遠寺）で死んでいくことになります。実際は、池上（池上本門寺）で死んだのかもしれませんが。

島田　日蓮は、流罪に遭ったことに関して、特に恨みがましいことは言わず、「御勘気《ごかんき》を被《こうむ》って」というニュアンスで語っています。幕府から大弾圧を受けたことを前面に押し出すことはしていないのです。最後は活動を制限されて隠棲しますけれど、根性だけは死ぬまで変わりませんでした。精神的な強さを持っていました。

本郷　そうですね。日蓮はぶれませんでした。最後まで「法華経のみ」という立場を変えていません。法然や栄西は幅広く取り入れ、親鸞はぶれた。道元は個人の悟りしか眼中《がんちゅう》になかったとすると、あらためて「鎌倉仏教とは何か」となりますね。

島田　私たちがイメージする、いわゆる「鎌倉仏教」は、近代になってから大きな意味を持つようになりました。

本郷　近代とは、明治以降ですね。

島田　そうです。明治時代になって寺請制度がなくなり、廃仏毀釈なども起こり、各宗派は開祖が偉大な存在であるとアピールする必要に迫られます。そして、どんどん神格化され、存在が大きくなっていきました。そうして存在感を増した開祖たちを、知識人が持ち上げます。戦前は日蓮が持ち上げられ、戦後は親鸞に注目が集まりました。また西洋近代思想と対抗する思想として、開祖たちを活用した面もあったでしょう。

本郷　西洋には、連綿と続く哲学者の系譜がある。しかし日本には、残念ながらそのような人物が存在しない。だから開祖たちを持ち出して、その役割を担わせたわけですね。

島田　そこからしても、やはり創作されたものだと思いますよ。宗派ができあがったことで、過去が変容させられているわけです。

本郷　そこをきちんと把握して、原型をとらえていく必要がありますね。

今を生きるための鎌倉仏教

島田　そもそも日本人には、基本的に仏教徒はいないのです。

本郷　えっ、どういうことですか⁉

島田　「私は仏教徒です」と言っても、それは仏教そのものの信徒ではない。あくまでどこかの宗派の信者なのです。それほど、宗派の影響は大きいのです。現在も、葬式は宗派ごとに行われています。

本郷　逆に言えば今、「仏教徒である」と言っても、信仰を実践する場面は葬式をきちんと行うことくらいしかありません。

島田　そうなんです。そうして葬式を始めると、初七日、四十九日忌、一周忌、三回忌……と同じ宗派の僧侶を呼んだり、寺院に行ったりします。寺院墓地を買った場合は、宗派にしっかりと帰属することになります。

本郷　帰属する先か。その意味では、いわゆる伝統宗教と新宗教の間に本質的な違いはないですね。

島田　まったくないですよ。今回はあまり言及しませんでしたが、中世神話もあるわけですから。神仏習合した世界で、純粋に仏教徒と言える人がどれくらいいたのでしょうか。

本郷　中世神話のひとつの例ですが、たとえば、菅原道真《すがわらのみちざね》が怨霊となって都《みやこ》に祟《たた》りをなしたあと、彼は天神《てんじん》として崇められ、「渡唐天神図《ととうてんじんず》」などが描かれるようになって、その信仰が広がりました。

島田　そうした神話的な世界を取り上げないと、当時の宗教についての実態はわかりません。

本郷　現在も、中世に負けないほど混沌の時代です。もし、道元が今の世界、今の東京に現れても、やはり逃げ帰ってしまうかもしれません。そんな時代だからこそ、帰るべき基本、古典やリベラルアーツなど、教養を積むことで育《はぐく》まれるバランス感覚は貴重だと思います。

島田　既成の文化の力が弱まることによって、それに対抗しようとする力も衰《おとろ》えています。乗り越えるべき対象自体が希薄になり、存在する意味がなくなってきているのです。だから今、土俗的な民族音楽や民俗芸術が息を吹き返しているのだと思います。それらは、長い伝統があるから強いです。

本郷　現在が混沌とした時代だからこそ、混沌とした時代に誕生した鎌倉仏教を学ぶことはとても意義のあることだと思います。

おわりに——宗教の衰退と、今後の日本仏教

島田裕巳

二〇二三年夏、日本は大変な猛暑に襲われました。本書の対談が行われたのは、その時期のことです。しかし暑いなか、対談の場に赴《おもむ》くことはとても楽しいことでした。私にとって、本郷和人さんのような日本史の専門家とじっくり時間をかけて対談をしたのは、はじめてのことだったからです。

本郷さんと最初にお会いしたのは二〇一三年、雑誌『文藝春秋』の対談「日本人の死生観」の時のことでした。その頃はまだ、本郷さんは今日のようにテレビなどで大活躍される前で、その後みるみる活躍の場を広げていくのを私は驚きの目で見ていました。

そうして、本郷さんの著作にあたるようになったのですが、鎌倉仏教をめぐって話をしてみたい、との思いが湧き上がってきました。ですから、祥伝社から対談を提案された時、喜んで引き受けました。

鎌倉仏教と言った時、三つの意味があるように思います。

ひとつは、「鎌倉新仏教」と言われる仏教の新しい流れのことです。

もうひとつは、「鎌倉という地域の仏教」のことです。そこには、旧仏教とも称される、伝統的な仏教も含まれます。

そして、最後が「鎌倉時代の仏教」で、武家が政権を取った新しい時代のなかで、仏教がどのような役割を果たしたかが注目されることになります。

これまで、鎌倉仏教の研究は、宗教の専門家が行うことが中心でしたが、私には、鎌倉幕府という権力機構が深くかかわっているように感じられてきました。本郷さんは、鎌倉幕府の研究家であり、その権力のあり方に対して独自の見解を持っています。そうした方と対談をすることで、鎌倉仏教に対して新しい見方ができるようになるのではないか。対談を始めるにあたり、私はそのように感じていました。

私の直感が正しいものだったのかどうかは、対談を読まれた読者の判断に任せなければなりません。ただ、私がこの対談で大きな刺激を受けたことはまちがいありません。

現代において、仏教を含めたさまざまな宗教は、特に先進国では力を失いつつあります。日本の場合は、既成教団・新宗教を問わず、信者の数がもっとも多かったのはバブル経済の時代であり、以降はどの教団も大幅に信者数を減らしてきました。これからは、人口減少ということもあり、宗教の衰退はより顕著になることが予想されます。

そうした状況に対して、仏教はどう対応するのか。また、私たちは、仏教にどういう意味を見出していけばよいのか。それが今、問われています。鎌倉仏教を見つめ直すことは、それが今日にまで大きな影響を与え続けているわけですから、重要な作業になるはずです。

従来の鎌倉仏教についての見方には問題があったのではないか。私が対談で述べたことは、いずれもそれを指摘していたように思います。

最近では、政治と宗教との関連が問題視されるようにもなりましたが、鎌倉時代に遡れば、その関係は今以上に密接でした。そうした面でも、鎌倉仏教についてあらためて考え直す作業は重要です。

なお、本郷さんと私の共通点は横浜ＤｅＮＡベイスターズのファンであることです。対談が始まる頃には、今年こそ優勝するのではと期待がありましたが、それは叶《かな》いませんでした。あるいは、ベイスターズの選手たちには鎌倉武士の荒々《あらあら》しさや、鎌倉仏教の宗祖たちの大胆さが必要なのかもしれません。

二〇二四年三月

★読者のみなさまにお願い

この本をお読みになって、どんな感想をお持ちでしょうか。祥伝社のホームページから書評をお送りいただけたら、ありがたく存じます。今後の企画の参考にさせていただきます。また、次ページの原稿用紙を切り取り、左記まで郵送していただいても結構です。

お寄せいただいた書評は、ご了解のうえ新聞・雑誌などを通じて紹介させていただくこともあります。採用の場合は、特製図書カードを差しあげます。

なお、ご記入いただいたお名前、ご住所、ご連絡先等は、書評紹介の事前了解、謝礼のお届け以外の目的で利用することはありません。また、それらの情報を6カ月を越えて保管することもありません。

〒101-8701（お手紙は郵便番号だけで届きます）
祥伝社　新書編集部
電話03（3265）2310
祥伝社ブックレビュー　www.shodensha.co.jp/bookreview

★本書の購買動機（媒体名、あるいは○をつけてください）

＿＿＿＿新聞の広告を見て	＿＿＿＿誌の広告を見て	＿＿＿＿の書評を見て	＿＿＿＿の Web を見て	書店で見かけて	知人のすすめで

★100字書評……鎌倉仏教のミカタ

名前

住所

年齢

職業

本郷和人　ほんごう・かずと

東京大学史料編纂所教授、博士(文学)。1960年東京都生まれ。東京大学文学部卒業、同大学院人文科学研究科博士課程単位取得退学。東京大学史料編纂所に入所、『大日本史料』第5編の編纂にあたる。東京大学大学院情報学環准教授を経て、現職。専門は中世政治史。著書に『天下人の軍事革新』など。

島田裕巳　しまだ・ひろみ

作家、宗教学者。1953年東京都生まれ。東京大学文学部宗教学科卒業、同大学院人文科学研究科博士課程修了(宗教学専攻)。放送教育開発センター助教授、日本女子大学教授、東京大学先端科学技術研究センター特任研究員を経て現在、東京通信大学非常勤講師。著書に『最強神社と太古の神々』など。

鎌倉仏教《かまくらぶつきょう》のミカタ
──定説《ていせつ》と常識《じょうしき》を覆《くつがえ》す

本郷和人《ほんごうかずと》　島田裕巳《しまだひろみ》

2024年4月10日　初版第1刷発行

発行者……………辻 浩明
発行所……………祥伝社《しょうでんしゃ》
〒101-8701　東京都千代田区神田神保町3-3
電話　03(3265)2081(販売部)
電話　03(3265)2310(編集部)
電話　03(3265)3622(業務部)
ホームページ　www.shodensha.co.jp
装丁者……………盛川和洋
印刷所……………萩原印刷
製本所……………ナショナル製本

Printed in Japan　ISBN978-4-396-11698-9　C0221